AF130216

So steigern Sie Ihr Einkommen

Verdienst ist kein Schicksal, sondern
eine Pflanze, die Sie düngen können

Über den Herausgeber:

Stephan Kaiser war von 1982 bis 2005 als geprüfter Vermögensberater (BWA, BDV) tätig. Davon in den Jahren 1990 bis Ende 2005 in der Funktion eines Direktionsleiters. In seiner Aufgabe als Betreuer hat er über 50 Beraterinnen und Berater ausgebildet und dabei hunderte von Schulungen, Vorträgen und Seminaren gehalten und veranstaltet.

Die Finanzplan-Idee entwickelte er im Jahr 2002, weil ihm immer wieder auffiel, dass eine Methode fehlte, wie man, vor allem als Selbstständiger, einfach und trotzdem gut mit seinem Geld auskommt. Im Januar 2006 erfüllte er sich seinen Lebenstraum und arbeitet seither ausschließlich (als FinanzplanCoach) im FinanzplanTeam. Dort ist er als Entwickler für den Finanzplan in Excel und alle Finanzberechnungsmodule verantwortlich.

Das FinanzplanTeam vermittelt selbst keinerlei Finanzverträge. Es spricht auch keine Empfehlungen für ein bestimmtes Angebot oder eine Firma aus, sondern beschränkt sich bei allen Produkten auf die neutrale Beschreibung der jeweiligen Vor- und Nachteile.

Der Vater von 2 Söhnen lebt und arbeitet in Gerstetten-Dettingen auf der Schwäbischen Alb und ist seit 1983 mit seiner Frau Tina verheiratet.

E-Mail Kontakt: support@mein-finanzbrief.de
Im Internet unter: http://www.mein-finanzbrief.de

Stephan Kaiser

So steigern Sie Ihr Einkommen

Verdienst ist kein Schicksal, sondern
eine Pflanze, die Sie düngen können

Bildquelle:
www.pixelquelle.de
Idee und Umsetzung:
www.mein-finanzbrief.de

Chancen findet der,
der Chancen sucht.

Verlag: Books on Demand GmbH, Norderstedt
Bibliographische Information der Deutschen Bibliothek

Die Deutsche Bibliothek verzeichnet diese Publikation in der Deutschen Nationalbibliographie; detaillierte bibliographische Daten sind im Internet über <http://dnb.ddb.de> abrufbar.

Herstellung und Verlag:
BoD - Books on Demand, Norderstedt
ISBN 9783732251278

Wünsche zur Verwendung oder Verwertung der Inhalte von ‚So steigern Sie Ihr Einkommen' zur Förderung der Allgemeinbildung und der finanzwirtschaftlichen Kompetenz sind jedoch willkommen. Sie sind unter der E-Mail Adresse stephan.kaiser@mein-finanzbrief.de an den Verfasser zu richten, der über die Rechtevergabe entscheidet und schriftlich informiert. Solchermaßen verwendete oder verwertete Inhalte des Buches ‚So steigern Sie Ihr Einkommen' sind zu kennzeichnen mit „ Aus dem Buch ‚So steigern Sie Ihr Einkommen' Freigabe vom . " und um das Datum der Freigabe zu ergänzen.

**Chancen findet der,
der Chancen sucht.**

Inhaltsverzeichnis

Vorwort

Die meisten Menschen gehen regelmäßig arbeiten und verdienen damit ihr Einkommen. Zum Einkommen zählt grundsätzlich alles, was Ihnen in Form von Geld monatlich zur Verfügung steht.

Dabei spielt es zunächst einmal keine Rolle, wie Sie dieses Geld verdienen, entweder in Ihrem Job, in einem Nebenjob oder als Selbstständiger. Manche Menschen verdienen auch Geld, ohne dafür zu arbeiten, beispielsweise als Investor.

Leider haben heutzutage immer mehr Menschen Probleme, Monat für Monat mit ihrem Geld auszukommen. Viele geben sogar monatlich mehr Geld aus, als sie einnehmen. Sie können dann nachts nicht mehr ruhig schlafen, weil die finanziellen Sorgen wachsen und sie nicht wissen, wie sie die nächsten Rechnungen bezahlen sollen.

Viele Girokonten laufen über Monate oder sogar Jahre im Minus, trotz eines regelmäßigen Einkommens. Und das kostet Unsummen an Kreditzinsen und Gebühren, die noch zusätzlich anfallen.

Dann ist es höchste Zeit, sprichwörtlich die Notbremse zu ziehen und geeignete Maßnahmen zu ergreifen, um aus diesem Kreislauf wieder heraus zu kommen.

Wenn das eigene Einkommen nicht mehr reicht, alle Ausgaben zu decken und sich ab und zu auch mal was Schönes zu gönnen, dann haben Sie prinzipiell 2 Möglichkeiten, diese Situation zu ändern.

Entweder Sie reduzieren Ihre Kosten oder Sie erhöhen Ihr Einkommen.

In der Regel ist die erste Variante, also die Ausgaben reduzieren, einfacher und bringt meist auch schneller den gewünschten finanziellen Freiraum. Wir leben zwar in einem Land, in dem es jederzeit nahezu alles zu kaufen gibt, doch zum Leben brauchen wir nur einen Bruchteil davon.

Wenn Sie sich einmal Ihre Ausgaben näher anschauen, werden Sie bestimmt feststellen, dass Sie auf einige davon getrost verzichten können, ohne darunter leiden zu müssen. Damit können Sie Ihren finanziellen Freiraum schnell und einfach um einiges erhöhen.

Doch es gibt auch viele verschiedene Möglichkeiten, die eigene Einkommensseite zu verbessern, sprich Ihr Einkommen kurzfristig wie auch nachhaltig zu erhöhen.

Bevor wir uns diese Möglichkeiten im Einzelnen anschauen, ist es sinnvoll, sich zunächst erst einmal die Ausgangssituation bewusst zu machen. Wir beginnen also quasi mit einer Bestandsaufnahme.

Ihnen wünsche ich nun viel Spaß beim Lesen und natürlich allzeit gute Finanzen.

FinanzPlan MasterCoach

Über das FinanzplanTeam

Damit Sie wissen, wer dieses Buch herausgegeben hat und sich eine bessere Meinung über uns bilden können, hier etwas über uns:

Wer arbeitet im FinanzplanTeam?

Der Kern des FinanzplanTeams sind Tina und Stephan Kaiser.

Wir arbeiten mit Steuerberatern, Anwälten und Spezialisten auf dem Gebiet der Software Programmierung zusammen, achten dabei aber immer darauf, dass diese nicht bei uns angestellt, sondern selbst freiberuflich tätig sind.

So lassen sich Abhängigkeiten, die aus einem Angestelltenverhältnis entstehen würden, vermeiden und darüber hinaus bleiben wir selbst so stets flexibel und können uns Meinungen und Informationen aus unterschiedlichen Quellen einholen.

Diese Meinungsvielfalt ist uns sehr wichtig, weil wir die Erfahrung gemacht haben, dass es sehr schnell zu einer Betriebsblindheit kommen kann, wenn man diese Möglichkeit nicht hat.

Mit wem arbeiten wir zusammen?

Grundsätzlich mit allen, die auch daran interessiert sind, dass es den Menschen finanziell und/oder persönlich besser geht.

Das sind oft ganz unterschiedliche Leute. Letztendlich schauen wir uns jede Kooperation genau an und entscheiden individuell.

Auch dabei ist uns unsere Unabhängigkeit wichtig, weshalb wir stets nur auf freiwilliger Basis mit anderen Anbietern zusammenarbeiten.

Zwänge oder gar Verpflichtungen, bestimmte Dienstleistungen oder Produkte zu empfehlen, gehen wir grundsätzlich nicht ein.

Wer sind Tina und Stephan Kaiser?

Diejenigen, die es interessiert, finden hier einen kurzen Lebenslauf von uns. Bei uns ging vieles immer irgendwie früher als bei den meisten Menschen. Das hat uns manches Mal ganz schön auf Trab gehalten ;-) Aber wir tun unser Bestes, um Schritt zu halten...

1980   Das Jahr in dem wir uns (beide 16 Jahre alt) kennengelernt haben

1981   Mit 17 Jahren sind wir in unsere erste, eigene Wohnung eingezogen. Die Wohnung befand sich im Haus unserer Oma, die auf die vereinbarte Miete von 50 DM stets verzichtet hat. Wir hätten auch nichts gehabt, um sie zu bezahlen :))

1982   Wir haben ziemlich früh geheiratet, beide erst 18 Jahre alt. Nein, es war kein Nachwuchs unterwegs... einfach nur so aus Liebe und dem Wunsch, das Leben gemeinsam zu gestalten und zu erleben.

1983   Wir haben beide unsere Ausbildungen (zur Gärtnerin und zum Heizungsbauer) abgebrochen und haben uns als Agenturleiter bei der DVAG selbstständig gemacht.

1984   Ernennung zum Generalagenturleiter
1986   Ernennung zum Geschäftsstellenleiter
1988   Ernennung zum Hauptgeschäftsstellenleiter
1989   Geburt unseres Sohnes David Johannes
1989   Ernennung zum Regionaldirektionsleiter
1989   Stephan kauft seinen 1. Computer (386er mit mathematischem Co-Prozessor, 4 MB RAM DOS + 80 MB Festplatte), es ist 'Liebe auf den ersten Blick' :-)) und man kann Stephan seither als ziemlich computerbegeistert bezeichnen
1990   Ernennung zum damals jüngsten Direktionsleiter
1991   Geburt unseres Sohnes Daniel Andreas
1992   Wir haben selbst große finanzielle Schwierigkeiten und aus dieser Notsituation entsteht unser erster, eigener Finanzplan in Excel
1998   Dank des Finanzplans in Excel ist unsere eigene finanzielle Situation jetzt wieder vollkommen bereinigt und in Ordnung gebracht.

bis 2002
Tätig als Direktionsleiter. In seiner Aufgabe als Betreuer hat Stephan über 50 Berater ausgebildet bzw. mit ausgebildet und hunderte von Schulungen, Vorträgen, Seminaren und Klausuren veranstaltet und gehalten

2002 Abgabe aller Vermögensberater der Direktion und gleichzeitiger Rücktritt von der Position des Direktionsleiters

2002 Tina Kaiser gründet die Management und Organisationsberatung (M.O.B.)

2002 Die Finanzplan-Idee wird erstmals einer breiten Öffentlichkeit vorgestellt, weil Stephan immer wieder auffiel, dass eine Methode fehlte, wie man (vor allem als Selbstständiger) einfach gut mit seinem Geld auskommt und dabei gleichzeitig seine Steuervoraus- und -nachzahlungen im Griff hat

2006 Austritt aus der DVAG (mit einem erfreulichen und entgegenkommenden Aufhebungsvertrag uns gegenüber)

2006 Stephan Kaiser erfüllt sich seinen Lebenstraum und übernimmt die Leitung des FinanzplanTeams. Heute arbeitet er ausschließlich als FinanzplanCoach. Er ist als Entwickler für den Finanzplan in Excel und alle Finanzberechnungsmodule verantwortlich und kann endlich ganz legitim den ganzen Tag am PC spielen :-))

Prüfungen und Qualifikationen Tina Kaiser:

Ausbildung zur Kursleiterin autogenes Training
Rautenberg Seminare 'Transaktionsanalyse' (Teil 1-3)

Hobbys: Hundeausbildung nach Feltmann, Pferde und Natur, lecker und frisch kochen

Prüfungen und Qualifikationen Stephan Kaiser:

Geprüfter Vermögensberater (BWA) Betriebswirtschaftsakademie Wiesbaden
Geprüfter Vermögensberater (BDV) Bundesverband Deutscher Vermögensberater
Rautenberg Seminare 'Transaktionsanalyse' (Teil 1-3)

16

Seit 1992 Erstellung von finanzmathematischen Berechnungen in Microsoft® Excel
Seit 2002 Programmierung in VBA (Visual Basic für Applications)
Windows 2000/XP Workstation Management (IHK)
Vielfacher Buchautor und Herausgeber
Hobbys: Radfahren, Computer, Softwareentwicklung

Was möchten wir erreichen? Warum gibt es uns?

Unser Hauptanliegen ist es, dass Anwender des Finanzplans einfach gut mit ihrem Geld auskommen. Dafür arbeiten wir, und das ist der Hauptzweck unseres Unternehmens!

Dabei sollen Schulden (mit Ausnahme von Baukrediten für die eigenen vier Wände) unbedingt vermieden werden. Das gleiche gilt für Leasing- und Ratenzahlungsverträge aller Art. Ebenso sollen unsinnige und unnötige Ausgaben aufgespürt und vermieden werden.

Geld ist für uns EIN wichtiger Faktor im Leben, weil es Sicherheit, Spaß, Freiheit und Spielraum in unser Leben gebracht hat.

Das Wichtigste ist uns aber, das an sich trockene Thema Finanzen mit Spaß und einer guten Dosis Humor an die Frau und den Mann zu bringen. Sie brauchen in unseren Seminaren und Schulungen zum Lachen nicht in den Keller gehen ;-)

Die Produktpalette und das Leistungsspektrum

Wir bieten Softwarelösungen (auf Microsoft Excelbasis) an, die den Umgang mit dem eigenen Geld außergewöhnlich stark vereinfachen und überschaubar machen.

Das Hauptprodukt ist der Finanzplan in Excel. Darüber hinaus sind Zusatzmodule für besondere Lebensbereiche (Baufinanzierung, Altersversorgung, Geldanlagen etc.) verfügbar.

Das zweite Hauptprodukt ist der GeldSparKurs, in dem wir die besten Tipps und Tricks bei Finanzen gesammelt und veröffentlicht haben.

Darüber hinaus sind zahlreiche Bücher zum Thema Geld und Finanzen von uns erschienen. Eine Übersicht finden Sie ganz hinten im Buch.

Mit dem FinanzplanCoaching haben wir im Jahr 2006 eine weitere Möglichkeit geschaffen, um Menschen bei der Planung und Gestaltung ihrer Finanzen helfen zu können.

Welche Probleme unserer Kunden lösen wir?

Wir machen den Umgang mit dem Thema Finanzen einfach, auch weil wir auf Fachbegriffe verzichten und Fremdwörter – wo immer es geht - in der Dose lassen.

Mit unserer Software gewinnen Sie den Überblick über Ihre Finanzen. Sie gewinnen Planungssicherheit bei Ihren Ausgaben. Sie erreichen Ihre materiellen Ziele schneller und Schritt für Schritt.

Als Selbstständiger haben Sie Ihre Steuerproblematik im Griff, weil es zu jedem beliebigen Zeitpunkt des Jahres (mit nur 3 Mausklicks) möglich ist, eine Hochrechnung zu erstellen.

Sie kennen Ihren finanziellen Spielraum genau. Unnötige Ausgaben können aufgespürt und vermieden werden. Sie haben ganz einfach mehr Geld in Ihrer Kasse.

Unternehmern und Selbstständigen stehen wir darüber hinaus als Ansprechpartner bei Problemen in der eigenen Firma zur Verfügung.

Was unterscheidet das FinanzplanTeam von anderen?

Um es einmal ganz platt zu formulieren: Wir haben wirkliches Interesse daran, dass es den Anwendern unserer Produkte finanziell immer besser und besser geht. Das ist bei uns kein Werbegag, sondern unser innerer Antrieb, der uns im Tagesgeschäft Kraft gibt.

Wir haben einen 24-Stunden Support, der Ihnen an allen Werktagen eine Antwort auf Ihr Problem verschafft. Diese Antwort erhalten Sie stets DIREKT von einem Mitglied des EntwicklerTeams. Freundlich, einfach erklärt und auf Sie persönlich zugeschnitten.

Bei uns brauchen Sie kein Excel- oder Computerprofi zu sein, wir machen Ihnen die Bedienung und Anwendung denkbar einfach.

Der Finanzplan in Excel konzentriert sich auf das Wesentliche. Dadurch bleibt er genial einfach und ist einfach genial.

Unsere Software wird ausführlich getestet und erst dann zum Verkauf freigegeben, wenn sie funktioniert. Dafür lassen wir uns Zeit, und das erspart Ihnen lästige Fehlersuche und schlaflose Nächte.

Das FinanzplanTeam ist vollkommen neutral. Wir sind keiner Bank, Bausparkasse, Versicherung oder irgendeiner Vertriebsorganisation angeschlossen oder verpflichtet. Nur deshalb können wir unsere Entscheidungen frei und aus eigenen Stücken treffen.

Wir arbeiten überparteilich, sind nirgends angestellt und keinem Verband oder keiner Organisation gegenüber zu irgendetwas verpflichtet.

Wir vermitteln keinerlei Finanzprodukte und erhalten keine Provisionen für die Vermittlung irgendwelcher Finanzdienstleistungen. Alle fachlichen Aussagen von uns sind einzig und allein auf die Interessenlage unserer Kunden und Softwareanwender ausgerichtet.

Wir sprechen daher auch keine Empfehlungen für ein bestimmtes Angebot aus, sondern beschränken uns bei Produkten auf deren allgemeine Beschreibung der Vor- und Nachteile.

Das ist wichtig: Nur wer selbst keinerlei Finanzprodukte verkauft und daher auch keine Provisionen erhält, ist wirklich unabhängig.

Als Merksatz gilt:

Immer wenn Provisionen fließen, kann es mit der Neutralität und dem wirklichen Eingehen auf Kundenwünsche nicht weit her sein.

FinanzplanCoaching ist deshalb so wertvoll und effektiv, weil der Coach immer direkt vom Kunden als Auftraggeber bezahlt wird.

Bevor Sie mit dem Lesen beginnen, hier noch ein Hinweis für Sie:

In diesem Buch finden Sie an vielen Stellen Zahlen und Werte, die sich auf das Jahr 2013 beziehen.

Da sich diese Werte größtenteils Jahr für Jahr ändern, haben wir zu diesem Buch eine eigene Webseite mit allen aktuellen Werten erstellt, die wir Jahr für Jahr aktualisieren.

Unter der Internetadresse
http://www.mein-finanzbrief.de/einkommen/

können Sie immer die aktuellen Daten wie auch die zum Buch gehörenden Checklisten als Download erhalten.

Ich würde mich freuen, wenn Ihnen dieser Service gefällt und Sie auch Ihren Bekannten und Freunden von dieser Webseite erzählen.

Wenn Sie uns weiterempfehlen, bedanke ich mich dafür an dieser Stelle ganz herzlich bei Ihnen. Vielen Dank!

Bestandsaufnahme

Wenn Sie an Ihre momentane finanzielle Situation denken, sind Sie dann zufrieden? Wahrscheinlich würden Sie gern etwas ändern, dafür haben Sie ja dieses Buch erworben.

Leider ist es so, dass immer mehr Menschen in Deutschland Probleme haben, Monat für Monat mit ihrem Einkommen auszukommen.

Die Ursachen dafür sind vielfältig. Auf der einen Seite wird das Leben von Jahr zu Jahr durch ständig steigende Strom- und Gaspreise, Benzinpreise aber auch durch steigende Lebensmittelpreise teurer.

Andererseits steht vielen Haushalten heute auch weniger Geld als noch vor ein paar Jahren zur Verfügung, teils durch steigende Steuern und Zusatzbeiträge in der Krankenversicherung oder auch durch den Verlust des gut bezahlten Jobs oder Ähnlichem.

Manchmal ist die Ursache leider auch nur der allzu sorglose Umgang mit dem eigenen Geld. Viel zu schnell werden Kreditverträge unterschrieben, um sich den einen oder anderen Wunsch sofort erfüllen zu können. Damit wird sozusagen Geld ausgegeben, welches noch gar nicht verdient wurde.

Oft rächt sich das spätestens dann, wenn ein Schicksalsschlag dazwischen kommt. Wer durch Unfall, Krankheit oder Arbeitslosigkeit weniger Geld verdient, kann seine Raten kaum noch zahlen.

Der Bank ist das egal, Sie haben den Vertrag unterschrieben und sich damit verpflichtet, den Kreditbetrag inklusive Zinsen und Gebühren zurückzuzahlen.

Einnahmen und Ausgaben – was ist vorhanden?

Wenn es Ihnen ähnlich geht und Sie Ihre finanzielle Situation ändern bzw. verbessern möchten, müssen Sie zunächst einmal herausfinden, wo Sie momentan stehen.

Wie viel Einkommen steht Ihnen monatlich überhaupt zur Verfügung? Welche Ausgaben fallen an und welcher Betrag bleibt unterm Strich für Sie übrig?

Denken Sie dabei auch an die Ausgaben, die nicht regelmäßig anfallen. Am besten ist es, wenn Sie alle Kontoauszüge der letzten 12 Monate durchgehen.

Sie benötigen also erst einmal eine konkrete Übersicht über Ihre sämtlichen Einnahmen und Ausgaben, die Sie sich einfach auf einem Blatt Papier erstellen können.

Mit unserer Finanzplan-Software geht das allerdings viel bequemer und komfortabler. Auf nur einer Seite können Sie übersichtlich alle Einnahmen und Ausgaben erfassen und sehen sofort, wohin Ihr Geld eigentlich fließt und ob und wie viel unterm Strich noch übrig bleibt.

So haben Sie schnell und einfach den Überblick über Ihre gesamte finanzielle Situation und das ist die Grundlage, um Ihre finanzielle Situation zu verbessern.

Probieren Sie es aus, unsere kostenfreie Testversion finden Sie auf unserer Webseite: www.mein-finanzbrief.de

Wenn die Einnahmen nicht ausreichen, müssen Sie entweder Ihre Ausgaben reduzieren und/oder Ihre Einnahmen erhöhen, um beides wieder ins Gleichgewicht zu bringen.

Kosten reduzieren – finanziellen Spielraum schaffen

Nachdem Sie sich nun einen Überblick über Ihre momentane finanzielle Situation verschafft und dabei vielleicht festgestellt haben, dass Ihre Einnahmen gerade so oder nicht mal mehr ausreichen, alle Kosten zu decken, ist es sinnvoll, als erstes alle Kosten auf den Prüfstand zu stellen.

Es macht nämlich nicht viel Sinn, in dem Fall erst einmal das Einkommen zu erhöhen, um alle Kosten begleichen zu können. Erfahrungsgemäß steigen mit dem Einkommen automatisch auch die

Ausgaben und eh Sie sich versehen, stehen Sie wieder vor dem gleichen Problem.

Packen Sie erst einmal die Ursache für den Geldmangel an und das sind in den meisten Fällen die Ausgaben. Streichen Sie all die Ausgaben, auf die Sie ohne weiteres verzichten können. Prüfen Sie kritisch vor allem so genannte Spaßausgaben.

Auf die bargeldlose Zahlung per ec- und Kreditkarte sollten Sie grundsätzlich verzichten und dafür besser das Geld für die Lebenshaltung einmal im Monat bar abheben und auf den Monat aufteilen. Sie werden schnell merken, dass Sie viel weniger Geld ausgeben, wenn Sie bar bezahlen.

Gehen Sie wirklich alle Ausgaben durch, optimieren Sie Ihre Finanzverträge und entlarven Sie sonstige Geldfresser. Je weniger Ausgaben Sie haben, desto mehr Geld bleibt Ihnen übrig.

Dabei kann Ihnen unser FinanzPlan GeldSparKurs sehr behilflich sein. Dieser Selbstlernkurs umfasst rund 60 Kapitel und führt Sie Schritt für Schritt durch all die Ausgaben, bei denen normalerweise viel Geld verschwendet wird.

Mit den vielen Tipps und Ideen dieses GeldSparKurses können Sie kurzfristig und ziemlich schnell Ihren finanziellen Spielraum erhöhen, im Durchschnitt etwa um 3.000 bis 5.000 Euro. Und das Beste daran, diese Einsparungen haben Sie dann Jahr für Jahr.

Wenn Sie möchten, können Sie sich hier gern näher zu unserem GeldSparKurs informieren:
http://www.mein-finanzbrief.de/geldsparkurs/

Übrigens, den FinanzPlan GeldSparKurs gibt es auch in einer betreuten Version (als Komfort GeldSparKurs).

Damit erhalten Sie eine persönliche 1:1 Betreuung durch Ihren FinanzplanCoach über das gesamte erste Jahr per E-Mail und via TelefonCoaching.

Jede Woche stellen wir Ihnen per E-Mail kurz das Thema der Woche vor und geben Ihnen eine Schritt für Schritt Anleitung, wie Sie bei der praktischen Umsetzung der Einsparideen am sinnvollsten vorgehen sollten.

Dabei steht Ihnen Ihr FinanzPlan Coach zur Seite und beantwortet per E-Mail alle Ihre Fragen.

Wenn Sie möchten, können Sie einmal monatlich ein persönliches TelefonCoaching (30 Minuten) mit Ihrem FinanzPlan Coach vereinbaren, bei dem Sie gemeinsam über das bisher Erreichte sprechen oder eventuelle Probleme bei der Umsetzung klären können.

Für spezielle Berechnungen erhalten Sie von uns verschiedene Berechnungshilfen und Module im Wert von 150 Euro, um Ihre Verträge selbst berechnen und überprüfen zu können.

Wann immer Sie Fragen oder Probleme bei der Umsetzung der Einsparideen haben, sind wir gern für Sie da. So haben Sie jederzeit jemanden an der Seite, den Sie fragen können, der Tipps und Ratschläge gibt und Sie dabei unterstützt, auch wirklich alle Einsparmöglichkeiten und staatlichen Vorteile zu nutzen und umzusetzen.

UND nach dem Komfort GeldSparKurs ist nicht nur Ihre Finanzsituation tipp topp in Ordnung, Sie fühlen sich anschließend auch garantiert viel sicherer in allen Gelddingen, denn Sie erhalten neben den Tipps zum Sparen auch noch eine Menge Finanzwissen, das Ihnen niemand mehr nehmen kann.

Die ausführliche Ausschreibung zum Komfort GeldSparKurs in der betreuten Version finden Sie hier:
http://www.mein-finanzbrief.de/geldsparkurs/komfortversion/

Zusammenfassung des Kapitels:

Bestandsaufnahme

Leider ist es so, dass immer mehr Menschen in Deutschland Probleme haben, Monat für Monat mit ihrem Einkommen auszukommen. Die Ursachen dafür sind vielfältig. Manchmal ist es einfach der allzu sorglose Umgang mit dem eigenen Geld.

Da ist es sinnvoll, sich zunächst erst einmal die eigene finanzielle Ausgangssituation bewusst zu machen, quasi mit einer Bestandsaufnahme.

Finden Sie heraus, wo Sie momentan stehen. Verschaffen Sie sich also erst einmal eine konkrete Übersicht über Ihre sämtlichen **Einnahmen und Ausgaben.** Mit unserem Finanzplan ist das ganz einfach und komfortabel.

Wenn die Einnahmen nicht ausreichen, alle Ausgaben zu decken, müssen Sie entweder Ihre **Ausgaben reduzieren** und/oder Ihre Einnahmen erhöhen, um beides wieder ins Gleichgewicht zu bringen.

Optimieren Sie zunächst Ihre Ausgaben. Dabei kann Ihnen unser FinanzPlan GeldSparKurs sehr behilflich sein. Dieser Selbstlernkurs umfasst rund 60 Kapitel und führt Sie Schritt für Schritt durch all die Ausgaben, bei denen normalerweise viel Geld verschwendet wird.

Den FinanzPlan GeldSparKurs gibt es auch in einer betreuten Version (Komfort GeldSparKurs). Damit erhalten Sie eine persönliche 1:1 Betreuung durch Ihren FinanzplanCoach über das gesamte erste Jahr per E-Mail und via TelefonCoaching.

Verdienen Sie genug?

Nachdem Sie Ihre Ausgaben optimiert haben, kommen wir nun zu Ihren Einnahmen. Haben Sie sich schon einmal gefragt, ob Sie genug verdienen?

Könnten Sie für den angestrebten Job mehr verlangen und wie stehen Sie im Vergleich zu anderen finanziell da? Machen Sie ruhig alle ein bis zwei Jahre einen Gehaltscheck, um zu klären, ob Ihr Gehalt noch angemessen ist.

Wie immer ist auch hier das Internet eine gute Informationsquelle. Die Gehaltschecks werden teils kostenfrei, teils gegen eine geringe Gebühr angeboten.

Hier finden Sie drei Adressen für Gehaltschecks:

http://www.gehalts-check.de
http://www.gehaltsvergleich.com
http://personalmarkt.spiegel.de

Testen Sie doch einfach mal, wie es um Ihr Einkommen steht.

Möglichkeiten der Einkommenssteigerung am Arbeitsplatz

Vielleicht hat Ihnen der Gehaltscheck gezeigt, dass Sie in Ihrem Job mehr Geld verdienen könnten. Wenn Sie Spaß an Ihrem derzeitigen Job haben und in dieser Tätigkeit auch bleiben wollen, können Sie durch geschicktes Verhandeln Ihr Gehalt durchaus steigern, entweder mit einer Gehaltserhöhung oder mit steuer- und abgabenfreien Extras.

Gehaltserhöhung

Grundsätzlich hat jedes gut laufende Unternehmen auch genug Geld, um gute Leistungen der Mitarbeiter entsprechend gut zu bezahlen. Wenn Sie davon überzeugt sind, täglich mehr Leistung für die Firma zu erbringen, als von Ihnen erwartet wird, können Sie auch eine angemessene Anpassung Ihres Gehaltes fordern.

Seien Sie mutig und verlangen Sie eine Gehaltserhöhung. Ihr Chef wird sie Ihnen von sich aus nicht anbieten.

Das Wichtigste hierbei ist eine gute Vorbereitung. Sie ist entscheidend dafür, ob das Gehaltsgespräch für Sie erfolgreich verläuft oder nicht.

Bevor Sie überhaupt einen Termin für das Gehaltsgespräch vereinbaren, sollten Sie ganz genau überlegen, was Sie erreichen wollen und was nicht.

Wären Sie grundsätzlich bereit, mehr Energie und Zeit in Ihre Arbeit zu investieren, zum Beispiel sich in ein neues Projekt oder Fachgebiet einzuarbeiten oder eine Weiterbildung zu absolvieren? Würden Sie für eine Gehaltserhöhung auf einen Teil Freizeit verzichten?

Beantworten Sie sich diese Fragen ganz ehrlich und legen Sie dann ein konkretes Ziel für das Gehaltsgespräch fest.

Nun versetzen Sie sich einmal in die Lage Ihres Chefs und suchen nach Argumenten, warum er Ihnen eine Gehaltserhöhung geben sollte. Beurteilen Sie kritisch Ihre eigene Leistung.

Stellen Sie sich dazu am besten die folgenden Fragen:

- Aus welchem Grund haben Sie eine Gehaltserhöhung verdient?

- Welche besonderen Leistungen haben Sie vorzuweisen?

- Was haben Sie in letzter Zeit besser gemacht?

- Wo hat sich Ihre Leistung wie auch Ihr Nutzen für das Unternehmen gesteigert?

- Wurde Ihr Verantwortungsbereich erweitert?

- Wie tragen Sie konkret zum Erfolg des Unternehmens bei?

Diese Fragen finden Sie auch als Checkliste in unserem Download-bereich. So können Sie Ihre Notizen dazu gleich schriftlich erfassen.

Dokumentieren Sie alle Leistungen, die Sie bisher in Ihrer Firma erbracht haben. Legen Sie dafür am besten eine Art Leistungsmap-pe an, in der Sie zum Beispiel erfolgreich abgewickelte Projekte, für die Sie die Verantwortung hatten, erfassen.

Notieren Sie auch außergewöhnliche Leistungen oder Ideen von Ihnen, die in der Firma erfolgreich umgesetzt wurden. Natürlich ge-hören da auch sämtliche Weiterbildungen und zusätzliche Ausbil-dungen hinein. Und sammeln Sie Ideen und Vorschläge für Verbes-serungen.

Finden Sie heraus, wie viel in anderen Unternehmen in vergleichba-ren Positionen verdient wird. Im Internet finden Sie dazu viele Infor-mationen und einige Datenbanken, mit denen Sie solche Informatio-nen recherchieren können.

Hier 2 Beispiele:

www.geva-institut.de
www.jobscout24.de

Von T-Online gibt es übrigens einen interaktiven Gehaltsplaner, der recht hilfreich ist und Ihnen zeigen kann, wie Sie Ihr monatliches Gehalt kontrollieren und maximieren können.

Hier der Link zur Webseite:
http://www.t-online.de/gehaltsplaner/show/seite_9a.html

Und dann machen Sie sich ein Bild von der momentanen Situation Ihres Unternehmens. Wie ist die derzeitige Auftragslage und was ist für die Zukunft zu erwarten?

Wenn es der Firma gut geht, sollten Sie Ihrem Chef klar machen, welchen Anteil Sie daran haben und ihm zeigen, dass Sie für den wirtschaftlichen Erfolg seines Unternehmens wichtig sind. Mit Ihrer Leistungsmappe sind Sie dafür bestens gerüstet.

Nun brauchen Sie nur noch einen Termin für das Gehaltsgespräch mit Ihrem Chef vereinbaren. Mit dieser guten Vorbereitung haben Sie auch gute Chancen, Ihre Gehaltserhöhung durchzusetzen.

Geldwerte Vorteile und steuerfreie Extras nutzen

Wenn es um das Thema ‚mehr Einkommen' geht, denken die meisten Angestellten zuerst einmal an eine Gehaltserhöhung, ist ja auch naheliegend.

Doch nicht in jedem Fall springt bei einer Gehaltserhöhung auch ein höherer Nettolohn heraus. Das liegt daran, dass mit jedem zusätzlichen Euro auch mehr Steuern und Sozialversicherungsbeiträge fällig werden, die im ungünstigsten Fall sogar zu einem niedrigeren Nettolohn führen können.

Ein guter Grund, mal über Alternativen zur üblichen Gehaltserhöhung nachzudenken. Mittlerweile gibt es äußerst attraktive Alternativen, mit denen sich Ihr Einkommen clever aufbessern lässt.

Und oft rechnet sich das sogar für beide Seiten, also auch für Ihren Chef.

Wie sieht es denn bei einer Gehaltserhöhung aus? Nun, Ihr Chef erhöht Ihr Bruttogehalt um einen Betrag x, für den Sie Steuern und Sozialabgaben zahlen müssen. Netto kommt für Sie entsprechend wenig dabei heraus.

Und Ihr Arbeitgeber muss neben Ihrem Gehalt noch zusätzlich den Arbeitgeberanteil für die Sozialversicherung zahlen. Das bedeutet, Finanzamt und Sozialversicherungsträger profitieren von einer Gehaltserhöhung in nicht unerheblichem Maße.

Da ist es durchaus verständlich, wenn Arbeitgeber eine Gehaltserhöhung häufig ablehnen.

Wenn Ihr Chef Ihre Leistung aber grundsätzlich anerkennt und Ihnen auch mehr Gehalt zahlen würde, es ihm momentan aber aus verschiedenen Gründen nicht möglich ist, dann zeigen Sie dafür zunächst Verständnis, nehmen Sie es aber nicht einfach so hin.

Ganz im Gegenteil, sprechen Sie ihn dann direkt auf die Möglichkeiten von steuerfreien Extras und einer Beteiligung am Unternehmenserfolg an.

Neben dem Weihnachts- oder Urlaubsgeld, das ja sicher den meisten bekannt ist, gibt es noch viele weitere Gehaltsextras, mit denen Sie Ihr Einkommen ganz locker erhöhen können, ohne dass dabei die steuerliche Belastung merklich steigt.

Davon profitiert auch Ihr Arbeitgeber, denn mit steuerfreien Extras kann er das Gehalt seiner Angestellten kostengünstig aufbessern und diese so zusätzlich motivieren, ohne dafür weitere Arbeitgeberanteile zur Sozialversicherung zahlen zu müssen.

Hier ein paar Beispiele für Sie:

Fort- bzw. Weiterbildung

In unserer schnelllebigen Zeit ist es unerlässlich, das eigene Wissen ständig zu erweitern. Wer beruflich vorankommen will, muss sich regelmäßig weiterbilden. Und das kostet Geld.

Grundsätzlich kann Ihr Arbeitgeber zu den Kursgebühren wie auch den Reisekosten für eine Fortbildung einen Zuschuss geben oder diese auch komplett erstatten, sofern sie im überwiegenden betrieblichen Interesse ist.

Daneben kann er auch für beruflich bedingte Auslagen aufkommen. Dazu zählen beispielsweise Telefonkosten zu Hause oder die Kosten für einen beruflich bedingten Umzug.

Kindergartenzuschuss

Wenn Sie kleine, nicht schulpflichtige Kinder haben und diese in einen Kindergarten gehen oder von einer Tagesmutti betreut werden, könnten Sie Ihrem Chef den Vorschlag machen, anstatt einer Gehaltserhöhung möge er doch die Gebühren für den Kindergartenplatz Ihres Kindes oder die Kosten für die Betreuung Ihres Kindes bei einer Tagesmutti übernehmen.

Dafür fallen keine Steuern und Sozialabgaben an, sofern die Zahlung zusätzlich zum Lohn oder Gehalt erfolgt. Selbst dann nicht, wenn die Belege auf einen anderen Namen lauten, z. B. des nicht beim Arbeitgeber beschäftigten Ehepartners oder Lebensgefährten.

Das bedeutet, Ihr Nettogehalt bleibt wie es ist. Dafür fällt für Sie eine Ausgabe weg, die dann Ihr Chef übernimmt. Für Sie spielt es keine Rolle, ob Sie das Geld direkt erhalten oder eine Ausgabe einsparen. Letztendlich haben Sie genau diesen Betrag zusätzlich zur Verfügung und zwar ohne Abzüge.

Und wie würde die Rechnung für Ihren Arbeitgeber aussehen? Nun, wenn er Ihnen mehr Bruttogehalt zahlen würde, steigt sein Arbeitgeberanteil zur Sozialversicherung.

Wenn er dagegen den Kindergartenzuschuss zahlt, ist das nicht der Fall, denn der Zuschuss ist steuer- und sozialabgabenfrei. Auf diese Weise profitieren beide.

Übrigens ist die Höhe des Zuschusses ist nicht begrenzt! Sind beide Elternteile berufstätig und bei verschiedenen Arbeitgebern angestellt, können sie den Zuschuss jedoch nicht pro Arbeitgeber erhalten.

Der Fahrtkostenzuschuss

Heutzutage werden die Arbeitswege immer weiter, nahezu jeder ist auf das eigene Auto oder öffentliche Verkehrsmittel angewiesen. Steigende Preise bei Bussen und Bahnen wie auch hohe Benzinpreise reißen oft ein Loch in die Haushaltskasse.

Ihr Arbeitgeber kann Ihnen beispielsweise den Weg zur Arbeit bezuschussen, mit 30 Cent pro km bis maximal 4.500 Euro pro Jahr.

Dieser Fahrtkostenzuschuss ist sozialabgabenfrei, lediglich 15 Prozent Steuern muss Ihr Arbeitgeber pauschal darauf zahlen. Sie müssen den Fahrtkostenzuschuss dann in Ihrer Steuererklärung von der Werbungskostenpauschale abziehen.

Umzug aus beruflichen Gründen

Wenn Sie aus beruflichen Gründen umziehen müssen, kann Ihr Arbeitgeber Ihnen die Umzugskosten (Speditions- und Fahrtkosten) steuerfrei erstatten. Sie müssen lediglich die Höhe der Kosten anhand von Originalbelegen nachweisen.

Firmenfahrzeug

Der Klassiker unter den Gehaltsextras ist immer noch ein Firmenfahrzeug, welches Ihnen Ihr Arbeitgeber auch zur privaten Nutzung zur Verfügung stellen kann.

In der Regel übernimmt der Arbeitgeber die Kfz-Kosten, dafür müssen Sie den geldwerten Vorteil mit monatlich 1 Prozent vom Listenpreis zuzüglich Sonderausstattungen versteuern.

Für die Steuerberechnung spielt es aber keine Rolle, wie viele Privatfahrten, Wochenend- oder Urlaubsreisen Sie mit dem Firmenwagen unternehmen.

Wie viel Lohnsteuer Sie für die private Nutzung des Firmenfahrzeuges tatsächlich zahlen müssen, ist abhängig von der Fahrzeugklasse und Ihrer Progression.

In vielen Fällen ist die private Nutzung eines Firmenfahrzeuges günstiger als eine Gehaltserhöhung, wenn dafür sämtliche private KFZ-Kosten entfallen.

Steuerfreie Sachbezüge

Prinzipiell kann Ihnen Ihr Arbeitgeber jeden Monat Sachbezüge im Wert von bis zu 44 Euro geben, die Sie nicht versteuern müssen und die zudem auch sozialabgabenfrei sind.

Allerdings darf dieser Betrag nicht überschritten werden. Diese 44 Euro gibt es nur einmal, entweder als Tankgutschein, als Jobticket oder als sonstigen Gutschein.

Benzingutscheine und Job-Ticket

Alternativ zum Fahrtkostenzuschuss kann Ihr Arbeitgeber Benzingutscheine oder so genannte Job-Tickets des öffentlichen Nahverkehrs kaufen und an Sie weitergeben.

Dabei handelt es sich dann um die oben genannten Sachbezüge, die bis zu einem Wert von maximal 44 Euro monatlich steuer- und sozialabgabenfrei sind, allerdings nur dann, wenn Sie keine weiteren Sachbezüge erhalten.

Darauf achtet das Finanzamt:

Auf dem Benzingutschein darf kein konkreter Geldbetrag angegeben sein, sondern nur die Art der Ware und die Menge, in dem Fall eine bestimmte Literzahl Benzin. Ansonsten gilt der Betrag als normaler Lohn und wird rückwirkend steuerpflichtig.

Übersteigt der Zuschuss des Arbeitgebers für das Job-Ticket die 44 Euro-Grenze, dann wird der gesamte Betrag steuer- und sozialabgabenpflichtig und nicht nur die Differenz.

Sonstige Gutscheine

Anstatt dem Benzingutschein oder dem Jobticket kann Ihr Arbeitgeber Ihnen auch sonstige Gutscheine, beispielsweise fürs Fitnesscenter spendieren. Auch diese sind bis zu einem Wert von monatlich 44 Euro steuer- und sozialabgabenfrei, sofern diese Grenze nicht überschritten wird.

Essensgutscheine

Arbeitgeber ohne eigene Kantine können ihren Arbeitnehmern beispielsweise auch Essensgutscheine, Menü- oder Restaurantschecks spendieren, die nicht nur in Gaststätten, sondern oft auch in Bäckereien und Lebensmittelgeschäften eingesetzt werden können.

Diese sind bis zu einer Höhe von 5,97 Euro pro Tag (Stand 2013) sozialabgabenfrei und rund die Hälfte davon ist auch steuerfrei. Lediglich der amtliche Sachbezugswert von 2,93 Euro (Stand 2013) ist mit 25 Prozent pauschal zu versteuern.

Gutscheine mit einem höheren Wert müssen komplett besteuert werden, so wie das normale Gehalt auch.

Geschenke vom Arbeitgeber

Auch zu einem besonderen persönlichen Ereignis, wie beispielsweise dem Geburtstag, kann Ihnen Ihr Arbeitgeber Geschenke in Form von Blumen, Büchern, CDs oder Genussmitteln überreichen.

Diese sind bis zu einem Betrag von monatlich 40 Euro inklusive. Mehrwertsteuer steuer- und sozialabgabenfrei. Liegt der Wert des Geschenkes darüber, fallen sowohl Lohnsteuer als auch Sozialabgaben an.

Personalrabatte

Waren oder Dienstleistungen, die im Unternehmen Ihres Arbeitgebers hergestellt oder erbracht werden, können Sie als Mitarbeiter meist zu einem Vorzugspreis erhalten. Je nach Art der Waren und

Dienstleistungen kann sich das für Sie lohnen, denn diese Rabatte sind bis zu einem Betrag von 1.080 Euro pro Jahr steuer- und sozialabgabenfrei.

Berufstypische Arbeitsbekleidung

In vielen Berufen ist eine berufstypische Arbeitsbekleidung vorgeschrieben. Diese Leistung ist steuer- und abgabenfrei, egal, ob der Arbeitgeber die Arbeitsbekleidung in seinem Interesse zur Verfügung stellt oder der Mitarbeiter diese selbst kauft und die Kosten vom Arbeitgeber erstattet bekommt.

Beihilfen in besonderen Fällen wie Krankheit, Tod, Heirat oder Geburt eines Kindes

Zu besonderen Anlässen, wie die eigene Hochzeit, die Geburt Ihres Kindes oder auch in besonderen Notsituationen kann Ihnen Ihr Arbeitgeber eine Beihilfe zahlen.

Private Arbeitgeber können ihren Arbeitnehmern bei Krankheit, Tod naher Angehöriger, Naturkatastrophen oder in anderen Unglücksfällen bis zu 600 Euro pro Jahr steuer- und sozialabgabenfrei zahlen, in speziellen Fällen auch mehr.

Zur eigenen Hochzeit oder Geburt eines Kindes kann der Arbeitgeber Sachzuwendungen bis 40 EUR (Freigrenze) steuerfrei zahlen.

Beihilfen von öffentlichen Arbeitgebern sind unbegrenzt steuerfrei- und sozialabgabenfrei.

Erholungsbeihilfen

Ein weiteres attraktives Gehaltsextra sind so genannte Erholungsbeihilfen, die Ihr Arbeitgeber entweder zusätzlich zum / oder anstatt dem Urlaubsgeld zahlen kann.

Dabei darf er dem Arbeitnehmer 156 Euro zahlen, für den Ehepartner 104 Euro und für jedes Kind 52 Euro (Freigrenzen Stand 2013), vorausgesetzt, der Arbeitnehmer verwendet die Erholungsbeihilfe auch tatsächlich für Erholungszwecke.

Für Sie als Arbeitnehmer sind diese Beihilfen steuer- und sozialver-sicherungsfrei, wenn Ihr Arbeitgeber diese pauschal mit 25 Prozent versteuert. Sozialversicherungsbeiträge fallen auch für den Arbeit-geber keine an.

Gesundheitsförderung

Prävention wird inzwischen nicht nur von Krankenkassen belohnt, auch Ihr Arbeitgeber kann Sie dabei unterstützen, etwas für ihre Gesundheit zu tun, wie beispielsweise Entspannungskurse, Bewe-gungsprogramme, Kurse zur Stressbewältigung und selbst Nichtrau-cherkurse.

Bis zu einem Freibetrag von jährlich 500 Euro pro Mitarbeiter sind steuer- und sozialversicherungsfrei, sofern diese Leistung zusätzlich zum Arbeitslohn gewährt wird.

Auch Massagen am Arbeitsplatz fördern die Gesundheit der Mitar-beiter und liegen damit im Interesse des Arbeitgebers. So sind auch diese steuer- und sozialabgabenfrei.

Eine weitere attraktive Möglichkeit, Ihr Einkommen zu erhöhen, sind Modelle, die Sie am Erfolg Ihres Unternehmens beteiligen.

Private Nutzung betrieblicher Geräte

Anstatt einer Gehaltserhöhung kann Ihnen Ihr Arbeitgeber auch be-triebliche Geräte, wie PC, Laptop, Drucker, Handy oder ähnliches zur privaten Nutzung überlassen.

Für den Arbeitgeber ist das keine zusätzliche Ausgabe, wenn die Geräte sowieso in der Firma vorhanden sind.

Sie sparen sich die Anschaffungskosten und die Nutzung ist für Sie steuer- und sozialabgabenfrei. Dabei spielt das Verhältnis von beruflicher und privater Nutzung keine Rolle.

Vorausgesetzt, die Geräte werden nur verliehen, bleiben also im Eigentum des Arbeitgebers.

Der Arbeitgeber kann Ihnen betriebliche Geräte auch schenken, dann muss er den Wert mit 25 Prozent pauschal versteuern.

Mitarbeiterkapitalbeteiligung

Ihr Arbeitgeber hat die Möglichkeit, Ihnen Anteile an seinem Unternehmen oder an einem Mitarbeiterbeteiligungs-Sondervermögen steuer- und sozialabgabenfrei zu überlassen und zwar bis zu einem geldwerten Vorteil von jährlich 360 Euro.

Dafür mussten diese Anteile bisher zusätzlich zu den geschuldeten Leistungen gewährt werden und durften nicht auf bestehende oder künftige Lohnansprüche angerechnet werden.

Aufgrund einer Gesetzesänderung gilt die Steuerfreiheit zukünftig auch für so genannte Entgeltumwandlungen. Damit will der Gesetzgeber Mitarbeiterkapitalbeteiligungen weiter fördern.

Einzige Bedingung, die Mitarbeiterkapitalbeteiligungen müssen zumindest all den Arbeitnehmern offenstehen, die mindestens ein Jahr im Unternehmen beschäftigt sind.

Erfolgsbeteiligungen

In vielen Berufsgruppen sind Erfolgsbeteiligungen ein wichtiger Gehaltsbestandteil. Gerade bei Verkäufern oder Mitarbeitern im Außendienst wird meist nur ein Grund- oder Fixgehalt gezahlt und dieses durch eine variable Gehaltskomponente ergänzt, die von verschiedenen Faktoren beeinflusst wird.

Meist richtet sie sich nach den eingegangenen Aufträgen oder dem erzielten Umsatz bzw. Gewinn. Üblich ist auch eine Vereinbarung zwischen Arbeitgeber und Arbeitnehmer über die Zahlung eines Bonus, wenn zuvor festgelegte Ziele erreicht wurden.

Auf diese Weise wird der Arbeitnehmer direkt am Unternehmenserfolg beteiligt. So ist er motiviert, seine Ziele zu erreichen.

Und auch für Arbeitgeber rechnet sich das, denn sie zahlen nur dann die variable Gehaltskomponente, wenn sich geplante Erfolge tatsächlich einstellen.

Aktien zum Vorzugspreis

Große Unternehmen bieten ihren Mitarbeitern häufig Vermögensbeteiligungen in Form von Belegschaftsaktien oder GmbH-Anteilen zum Vorzugspreis. So erhalten Sie die Chance, am Erfolg des Unternehmens teilzuhaben.

In dem Fall gilt der Unterschiedsbetrag zwischen dem Wert der Aktie zum Zeitpunkt der Überlassung und dem Preis, den Sie für die Aktie tatsächlich aufbringen müssen, als geldwerter Vorteil. Dieser ist bis zu einem Höchstbetrag von 360 Euro pro Jahr (bzw. 135 EUR für Altfälle) für jedes Beschäftigungsverhältnis steuer- und sozialabgabenfrei, sofern die Vermögensbeteiligung zusätzlich zum Lohn oder Gehalt des Arbeitnehmers erbracht wird.

Damit sind Kursgewinne möglich. Allerdings tragen Sie auch das Risiko, wenn sich der Erfolg nicht einstellt und das Unternehmen in wirtschaftliche Schwierigkeiten gerät. Dann kann es auch zu Kursverlusten kommen.

Aktienoptionen

Mit Aktienoptionen erhalten Mitarbeiter großer Unternehmen (Aktiengesellschaften) die Möglichkeit, während eines festgelegten Zeitraumes eine bestimmte Anzahl von Aktien zu einem so genannten Bezugspreis kaufen zu können.

Wenn der Börsenkurs anschließend steigt und später beim Verkauf der Aktien über diesem Bezugspreis liegt, kann der Mitarbeiter einen schönen Gewinn einstreichen. Wie hoch der ausfällt, kann allerdings keiner vorhersagen.

Andererseits trägt der Mitarbeiter aber auch das Verlustrisiko, falls der Börsenkurs später unter seinen Einstandspreis fällt. In der Regel müssen Mitarbeiter solche Aktien mindestens zwei oder drei Jahre halten, bevor sie verkauft werden dürfen. Optionsrechte sind steuer- und sozialversicherungsfrei. Erst dann, wenn die Option ausgeübt wird, werden Aktienoptionen besteuert.

Genussscheine

Genussscheine sind eine weitere Möglichkeit, die Mitarbeiter eines Unternehmens am Gewinn dieses Unternehmens zu beteiligen.

Attraktiv ist diese Beteiligungsform vor allem für kleine und mittlere Unternehmen, die keine Aktiengesellschaften sind. Genussscheine verbriefen Vermögensrechte an einem Unternehmen mit Anspruch auf eine Gewinnbeteiligung oder Verzinsung.

In der Regel werden Mitarbeiter allerdings auch an einem möglichen Verlust des Unternehmens beteiligt.

So, nun kennen Sie die wichtigsten Alternativen zu einer Gehaltserhöhung. Unterm Strich haben Sie mit diesen größtenteils steuer- und abgabenfreien Extras oft mehr Einkommen zur Verfügung, als durch eine Erhöhung Ihres Bruttogehaltes.

Also sprechen Sie Ihren Chef ruhig einmal darauf an, denn auch für ihn rechnet sich das.

Zusammenfassung des Kapitels:

Verdienen Sie genug?

Vielleicht hat Ihnen der Gehaltscheck gezeigt, dass Sie in Ihrem Job mehr Geld verdienen könnten.

Wenn Sie Spaß an Ihrem derzeitigen Job haben und in dieser Tätigkeit auch bleiben wollen, können Sie durch geschicktes Verhandeln Ihr Gehalt durchaus steigern, entweder mit einer Gehaltserhöhung oder mit steuer- und abgabenfreien Extras.

Hier ein paar Möglichkeiten zur Einkommenssteigerung am Arbeitsplatz:

- Gehaltserhöhung
- Fort- bzw. Weiterbildung
- Kindergarten- und Fahrtkostenzuschuss
- Umzug aus beruflichen Gründen
- Firmenfahrzeug
- Benzingutscheine und Job-Ticket
- Sonstige Gutscheine
- Personalrabatte
- Berufstypische Arbeitsbekleidung
- Beihilfen in besonderen Fällen
- Geschenke vom Arbeitgeber
- private Nutzung betrieblicher Geräte
- Erholungsbeihilfen und Gesundheitsförderung
- Mitarbeiterkapitalbeteiligung
- Erfolgsbeteiligungen
- Aktien zum Vorzugspreis
- Aktienoptionen oder Genussscheine

Zusätzliche Einnahmequellen nutzen

Grundsätzlich sollten Sie immer Ausschau nach zusätzlichen Einnahmequellen halten. Viel einfacher, als eine Gehaltserhöhung durchzusetzen, ist es beispielsweise, Dinge zu verkaufen, die Sie nicht mehr brauchen.

In nahezu jedem Haushalt gibt es mehr als genug davon. Und diese lassen sich meist ganz einfach und schnell zu Geld machen.

Dinge verkaufen, die Sie nicht mehr brauchen

Wenn das Einkommen nicht mehr ausreicht, alle Kosten zu decken, liegt es häufig daran, dass man zuvor zu viel Geld für Dinge ausgegeben hat, die man gar nicht braucht, sondern oft nur für das eigene Ansehen angeschafft hat.

Meist liegen diese Dinge dann ungenutzt in den Schränken, im Keller oder auf dem Dachboden herum. Dabei macht es wenig Sinn, solche Gegenstände nur rumliegen zu lassen, denn für Sie ist es totes Kapital, das Sie dringend für andere, wichtige Ausgaben benötigen.

Also drehen Sie den Spieß doch einfach um und machen Sie dieses bislang tote Kapital wieder zu Geld. Das klingt einfach und banal und doch wird diese Möglichkeit oft übersehen.

Gehen Sie doch einmal mit offenen Augen durch Ihre Wohnung oder Ihr Haus, vom Keller bis zum Dachboden und machen Sie eine Art Inventur. Vergessen Sie dabei nicht die Garage, den Schuppen oder die Scheune, wenn vorhanden.

Suchen Sie all die Gegenstände zusammen, die seit Jahren nur rumliegen, die Sie noch nie benutzt haben oder einfach nicht mehr benötigen.

Das können alte Handys, Radios, Fernseher, Fotoapparate, Stereoanlagen, Bücher, CDs und DVDs, Möbel, Küchengeräte, Fahrräder, diverse Spielsachen, Kleidung und vieles mehr sein. Sie werden staunen, was da alles zusammen kommt.

Viele Gegenstände, die man selbst schon Jahre nicht mehr benutzt hat, werden anderswo oft dringend benötigt. Nur weil Sie es nicht mehr brauchen, kann es anderen Menschen durchaus noch gute Dienste erweisen.

Deswegen sollten Sie nichts unüberlegt wegwerfen, sondern alles, was Sie gefunden haben und worauf Sie ohne weiteres verzichten können, auf einer Liste notieren. Dann überlegen Sie, wo und wie Sie diese Dinge am besten verkaufen können.

Möglichkeiten gibt es viele, beispielsweise in einem örtlichen Se- cond-Hand-Laden oder auf Flohmärkten bzw. Trödelmärkten in Ihrer näheren Umgebung. Gerade auf Flohmärkten kann man nicht selten sogar alten Ramsch zu Geld machen.

Auch wenn Sie glauben, das kauft sowieso keiner mehr, probieren Sie es ruhig aus. Sammler und Liebhaber suchen oft auf Flohmärk- ten nach kleinen Schätzen, für die sie dann gern auch etwas tiefer in die Tasche greifen.

Sie können auch in Ihrer örtlichen Tageszeitung oder einer überregi- onalen Zeitung eine Kleinanzeige schalten. Das kostet Sie nur ein paar Euro und erreicht doch eine große Anzahl potentieller Käufer.

Wenn Sie über einen PC mit Internetanschluss verfügen, könnten Sie diese Dinge auch ganz einfach übers Internet verkaufen oder versteigern.

Auf der weltweit größten Internetauktionsplattform (www.ebay.de) werden tagtäglich unzählige Produkte gekauft und verkauft. Anfangs werden Sie wahrscheinlich etwas Zeit und Mühe mit dem Einstellen der Gegenstände haben.

Doch dieser Aufwand ist vergleichsweise gering, denn mit der Zeit wird das Einstellen dann zur Routine. Und wenn der Preis stimmt, geht bei solchen Onlineauktionen wirklich fast alles weg.

Sollte etwas nicht verkauft werden, dann sind die Gebühren relativ gering. Am besten Sie starten immer mit einem Verkaufspreis von 1 Euro, das minimiert Ihre Einstellgebühren.

Und achten Sie darauf, dass Sie die Versandkosten an den Käufer weitergeben. Das ist durchaus üblich und reduziert Ihren finanziellen Aufwand, vor allem bei kleinpreisigen Dingen.

Bei Ebay können Sie fast alles versteigern lassen, selbst dann, wenn Sie nicht wissen, wie es geht oder wenn Sie gar keinen PC besitzen. Dafür gibt es spezielle Ebay-Shops, die Ihre Produkte gern gegen eine geringe Gebühr für Sie einstellen und verkaufen.

Neben Ebay gibt es noch viele weitere, weniger bekannte Portale, wie beispielsweise:

http://www.hood.de/
http://www.2-1deins.de/
http://www.auvito.de/
http://www.auxion.de/

Bei manchen fällt gar keine Gebühr fürs Einstellen an, allerdings haben diese dann meist auch weniger Besucher.

Gebrauchte Elektronikgeräte zu Geld machen

Gerade bei Elektronikartikeln kommen oft Jahr für Jahr neue Modelle auf den Markt, ob nun Handys, iPods, Navigationsgeräte, Digitalkameras, Spielkonsolen oder Laptops.

Viele Verbraucher ersetzen von Zeit zu Zeit ihr altes Gerät durch ein neues, obwohl das alte durchaus noch funktioniert. Doch es verschwindet einfach im Schrank oder in der Schublade, weil das neue Modell moderner ist und mehr Funktionen hat.

Das ist sehr schade, denn so schlummert in vielen Haushalten bares Geld, das sich kinderleicht in bare Münze umwandeln lässt. Für gebrauchte Elektronikartikel werden nämlich relativ gute Preise gezahlt.

Mit ein paar Mausklicks können Sie beispielsweise auf der Webseite www.wirkaufens.de eine Preisbewertung für ein gebrauchtes elektronisches Gerät erhalten.

Nachdem Sie Ihr Gerät in der hinterlegten Artikelliste gefunden haben, müssen Sie lediglich 5 Fragen zu Ihrem Gerät beantworten, mit deren Hilfe dann der Ankaufspreis ermittelt wird.

Sagt Ihnen dieser zu, dann bekommen Sie einen Paketschein, mit dem Sie das Gerät portofrei einschicken können. Wenig später erhalten Sie den vereinbarten Preis auf Ihr Konto.

Der Verkauf ist also ganz einfach und kostet Sie weder Mühe noch zusätzliches Geld. Und ganz nebenbei wird auch noch die Umwelt geschont, denn die gebrauchten Geräte werden von Spezialisten aufgearbeitet und anschließend weiterverkauft. So werden wichtige Ressourcen geschützt.

Auch auf www.momox.de können Ihre gebrauchten Bücher, CDs, DVDs, Spiele und Technik-Artikel einen neuen Besitzer finden und das schnell, einfach und sicher. Sogar Markenkleidung können Sie mit ein paar Mausklicks an Momox verkaufen.

Sie suchen einfach im entsprechenden Ankaufs-Katalog das Produkt, welches Sie verkaufen möchten und erhalten sofort ein Festpreis-Angebot, zu dem Sie das Produkt an Momox verkaufen können.

Wenn Sie mit dem Preis einverstanden sind, verschicken Sie das Produkt versandkostenfrei an Momox und erhalten direkt nach der Qualitätsprüfung Ihr Geld auf Ihr Konto. Wenn Sie es wünschen, kann das Paket auch von einem Paketdienst bei Ihnen zu Hause abgeholt werden. Die Kosten dafür übernimmt Momox.

Einfacher und bequemer geht es kaum.

Schauen Sie einfach mal, welche gebrauchten Produkte noch in Ihren Schränken und Schubladen schlummern, die Sie schon länger nicht mehr benötigen und machen diese ganz einfach zu Geld.

Virtueller Marktplatz für gebrauchte Baby- und Kinderkleidung

Eltern mit kleinen Kindern können ein Lied davon singen: Viel zu schnell wachsen die Kleinen aus ihren Sachen heraus.

Kaum ist das Baby auf der Welt und die Erstausstattung gekauft, vergehen nur ein paar Wochen und Strampler, Bodys, Jacken und Hosen sind bereits wieder zu klein geworden. Dann muss die nächste Größe angeschafft werden.

Und ein paar Wochen weiter, sind die Kleinen auch da wieder raus gewachsen. Auf diese Weise füllt sich ziemlich schnell der Kleiderschrank des Kindes, der irgendwann aus allen Nähten platzt. Ganz zu schweigen davon, dass die Anschaffung neuer Baby- und Kindersachen auch ziemlich teuer ist.

Dieses Problem können junge Familien mit kleinen Kindern nun ganz einfach übers Internet lösen. Mit der Webseite www.pollywoggie.de steht Ihnen ein virtueller Marktplatz für gebrauchte Baby- und Kinderbekleidung zur Verfügung.

Und nicht nur das, auch Kinderwagen, Kindermöbel, Spielzeug und vieles mehr können Eltern auf diesem Online Second-Hand-Portal anbieten und auch kaufen.

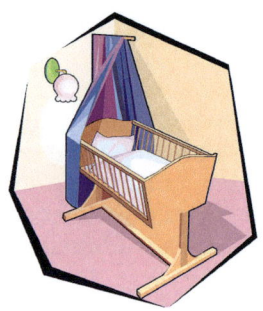

Die Betreiber des Portals haben auf die Benutzerfreundlichkeit der Webseite besonderen Wert gelegt, so dass auch weniger erfahrene Internetnutzer(innen) ihre Angebote problemlos einstellen können. Für das Einstellen fallen keine Kosten an.

Die eingestellten Angebote bleiben neun Monate lang online. Erst beim Verkauf zahlt der Anbieter eine Provision, die sich nach dem Preis des Artikels richtet und zwischen 4,75 und 8 Prozent liegt.

Eine wirklich gute Möglichkeit, wieder Ordnung in den Kleiderschrank des Kindes zu bekommen und gleichzeitig die Haushaltskasse aufzubessern, denn die meisten Sachen sind ja nur wenig getragen und einfach zu schade zum Wegschmeißen.

Wie Sie sehen, gibt es eine Menge Möglichkeiten, nicht (mehr) genutzte Dinge zu Geld zu machen. Vom Lesen allein kommt allerdings noch kein Geld in die Kasse. Also packen Sie's an.

Verkaufen Sie nach und nach alles, was eh nur ungenutzt rumliegt und Sie gar nicht mehr benötigen. Auch wenn es erst einmal nur kleine Summen sind, die Sie damit erzielen, so sind es doch zusätzliche Einnahmen. Und das zählt!

Zusammenfassung des Kapitels:

Zusätzliche Einnahmequellen nutzen

Grundsätzlich sollten Sie immer Ausschau nach zusätzlichen Einnahmequellen halten. Viel einfacher als eine Gehaltserhöhung durchzusetzen ist es beispielsweise **Dinge zu verkaufen, die keiner mehr braucht.**

In fast jedem Haushalt gibt es mehr als genug davon. Und diese lassen sich meist ganz einfach und schnell zu Geld machen. Viele Gegenstände, die man selbst schon Jahre nicht mehr benutzt hat, werden anderswo oft dringend benötigt. Nur weil Sie es nicht mehr brauchen, kann es anderen Menschen durchaus noch gute Dienste erweisen.

Verkaufen Sie die Sachen beispielsweise im örtlichen Second-Hand-Laden, auf Flohmärkten bzw. Trödelmärkten oder ganz einfach übers Internet. Auf der weltweit größten Internetauktionsplattform (www.ebay.de) werden tagtäglich unzählige Produkte gekauft und verkauft.

Mit ein paar Mausklicks können Sie auf den Webseiten www.wirkaufens.de oder www.momox.de **gebrauchte Elektronikgeräte zu Geld machen.**

Mit der Webseite www.pollywoggie.de steht Ihnen ein **virtueller Marktplatz für gebrauchte Baby- und Kinderbekleidung** zur Verfügung. Eine gute Möglichkeit, wieder Ordnung in den Kleiderschrank des Kindes zu bekommen und gleichzeitig die Haushaltskasse aufzubessern.

Neuen Job oder neues Arbeitsfeld suchen und finden

Träumen Sie manchmal davon, Ihren Job zu kündigen, weil er Sie nicht mehr erfüllt, keinen Spaß mehr macht und Ihnen weder Aufstiegsmöglichkeiten im Unternehmen noch Einkommenssteigerungen bieten kann?

Oder sind Sie mit den Arbeitsbedingungen unzufrieden? Haben Sie oft das Gefühl, dass Ihre Leistung im Unternehmen nicht oder zu wenig anerkannt wird?

Gibt es in Ihrer Firma möglicherweise schon konkrete Hinweise darauf, dass Arbeitsplätze eingespart werden müssen, von denen auch Sie in absehbarer Zeit betroffen sein können?

Haben Sie vielleicht schon länger das Gefühl, dass irgendwo anders eine neue berufliche Chance auf Sie wartet?

Dann ist es an der Zeit, einen beruflichen Neustart in Erwägung zu ziehen und nicht einfach abzuwarten, ob sich etwas tut.

Es wird mit Sicherheit niemand kommen, der Ihnen ein neues, lukratives Jobangebot mit einem höheren Einkommen von sich aus macht. Die Suche nach einer neuen, beruflichen Chance ist allein Ihre Aufgabe.

Möglicherweise gehören Sie zu den Menschen, die zwar schon lange diesen Wunsch in sich tragen, sich aber nicht trauen, den gewohnten Weg zu verlassen und konkrete Schritte in Richtung beruflicher Veränderung zu unternehmen.

Oft liegt es daran, dass der bestehende Job trotz aller Unzufriedenheit dennoch eine gewisse finanzielle Sicherheit bietet. Natürlich ist es auch bequemer, an Gewohnheiten festzuhalten, als noch mal neu durchzustarten.

Doch wenn Sie beruflich unzufrieden sind, zu wenig Einkommen verdienen und vielleicht sogar Angst vor einer möglichen Entlassung haben, bringt es nichts, an Ihrem Job festzuhalten.

Da hilft nur eines, sich aufraffen und handeln. Nutzen Sie die Chance, noch mal etwas Neues zu beginnen und werden Sie aktiv. Halten Sie bewusst Ausschau nach etwas Neuem, am besten nach gesunden und wachsenden Branchen oder Unternehmen, die in der Regel auch höhere Gehälter zahlen.

Die Höhe des Einkommens ist meist abhängig von der Position im Unternehmen. So verdienen Angestellte in Führungspositionen erheblich mehr Einkommen, dafür tragen sie natürlich auch mehr Verantwortung.

Generell kann man jedoch sagen, die Einkommenschancen steigen erheblich, je direkter Ihr Tätigkeitsbereich zum Erfolg des Unternehmens beiträgt. Aus diesem Grund sind beispielsweise die Gehälter im Vertrieb inklusive der Bonuszahlungen und Erfolgsbeteiligungen relativ hoch.

Diese Punkte sollten Sie bei Ihrer Suche nach einer neuen beruflichen Chance unbedingt berücksichtigen.

Beschäftigen Sie sich nicht nur oberflächlich damit, das reicht nicht. Um ein lukratives Jobangebot zu finden, müssen Sie Zeit investieren und beharrlich und ausdauernd bei der Sache bleiben. Das kann durchaus ein paar Wochen oder sogar Monate dauern.

Machen Sie sich einen Plan und gehen Sie diesen dann Schritt für Schritt durch.

Analysieren Sie Ihre Ausgangssituation

Der erste und wichtigste Schritt besteht darin, sich zunächst darüber klar zu werden, welche Fähigkeiten Sie bereits besitzen, welche Qualifikationen Sie vorweisen können, wo Ihre Stärken und Schwächen liegen und welche Talente in Ihnen schlummern.

Kurz und knapp, denken Sie an Ihren bisherigen beruflichen Werdegang und versuchen Sie herauszufinden, wie Sie sich selbst sehen und wie andere Menschen Sie sehen.

Notieren Sie sich am besten auf einem Blatt Papier, was Sie leisten können und wollen und wo Ihre Stärken liegen.

Pläne schmieden

Nachdem Sie sich nun erst einmal Ihre Ausgangssituation bewusst und ein genaues Bild von sich selbst gemacht haben, geht es im nächsten Schritt darum, herauszufinden, wohin Sie eigentlich wollen, welche Wünsche Sie haben und wo Sie in Zukunft Ihre beruflichen Chancen sehen.

Welche Tätigkeit würde Sie reizen? Wofür können Sie sich begeistern? Was machen Sie gerne, wobei vergessen Sie die Zeit?

In welcher Branche oder welchem Unternehmen könnten Sie sich vorstellen, eine neue Arbeit aufzunehmen?

Wie hoch müsste dann dort das Gehalt sein, damit sich ein Jobwechsel für Sie lohnt? Welche zusätzlichen Kosten könnten auf Sie zukommen?

Beginnen Sie ganz simpel damit, auf einem Blatt Papier die verschiedenen Möglichkeiten zu erfassen. Lassen Sie Ihren Gedanken einfach mal freien Lauf und notieren Sie alles, wirklich alles, was Ihnen dazu einfällt.

Erst dann, wenn Sie wissen, in welche Richtung es gehen kann, wo Sie tatsächlich hin wollen, können Sie daraus ein konkretes Ziel festlegen.

Das eigene Wissen erweitern

Es gibt grundsätzlich keinen universellen Weg für Menschen, das eigene Einkommen zu steigern, sprich mehr zu verdienen. Dafür sind Menschen einfach zu unterschiedlich.

Die einen bevorzugen handwerkliche Tätigkeiten, andere fühlen sich in einem Büro wohler. So manch einer ist als Unternehmer geboren, ein kreativer Kopf oder ein Meister im Abarbeiten ellenlanger Aufgabenlisten.

Was aber in jedem Fall hilfreich sein kann ist, das eigene Wissen ständig zu erweitern. Wissen ist die Grundlage für viele außergewöhnliche Leistungen. Seien Sie stets neugierig und interessiert.

Suchen Sie sich Themen, die Ihr Interesse wecken und informieren Sie sich dazu ausführlich im Internet oder lesen Sie dazu ein Buch. Belegen Sie Abendkurse und lassen Sie sich gegebenenfalls zertifizieren.

Egal, was Sie tun, wichtig ist nur, dass Sie etwas tun und dass Sie lernen, neue Wege zu beschreiten. Versuchen Sie, sich jeden Tag etwas zu verbessern, etwas dazuzulernen und Sie werden bald spüren, wie Ihr Selbstwertgefühl steigt und wie viel Energie Sie plötzlich haben.

Ziele festlegen

Mal ganz ehrlich, Wünsche und Träume haben wir doch alle. Doch wer in seinem Leben allgemein und natürlich auch in seiner beruflichen Tätigkeit Erfolg haben will, braucht konkrete Ziele. Und die haben leider nur die wenigsten.

Dabei ist es doch ganz einfach. Wenn Sie etwas erreichen wollen, müssen Sie zunächst einmal genau wissen, was Sie erreichen wollen, bevor Sie überhaupt irgendeinen Schritt in eine Richtung gehen können.

Denn wenn Sie nicht wissen, wo die Reise hingehen soll, geht vielleicht schon der erste Schritt in die falsche Richtung und Sie kommen irgendwo an, aber bestimmt nicht da, wo Sie eigentlich hin wollen.

Ihr Schlüssel zum Erfolg liegt also in einem konkreten Ziel. Nutzen Sie dafür Ihre Gedanken und Ihre Vorstellungskraft.

Konzentrieren Sie sich auf das, was Sie gerne tun, auf Ihre Lieblingsbeschäftigung, auf die Dinge, bei denen Sie Raum und Zeit vergessen. Sammeln Sie alles, was Sie dazu finden können. Das können Berichte, Bilder oder auch handschriftliche Notizen sein.

Stellen Sie dazu eine Mappe zusammen, in der Sie alles, was Bezug zu Ihrem Traumberuf, Ihrer Berufung hat, festhalten. Visualisieren Sie Ihr Interessengebiet, Ihr Hobby oder das, was Sie mit Leidenschaft machen wollen.

Stellen Sie sich bildlich vor, wie Sie als Experte auf Ihrem Gebiet anderen Menschen helfen, deren Probleme zu lösen. Führen Sie in Gedanken bereits Ihr Wunschgeschäft. Ihr Unterbewusstsein wird dieses Bild aufnehmen und bestrebt sein, es zu verwirklichen.

Gehen Sie dabei bis ins kleinste Detail. So bekommen Sie ein Gefühl, was alles möglich ist und können ein konkretes Ziel für Ihr Vorhaben festlegen. Formulieren Sie dieses Ziel mit Ihren eigenen Worten, scheiben Sie es auf und legen es mit in Ihre Mappe.

Nun können Sie ganz locker auf dieses Ziel zugehen, immer einen Schritt nach dem anderen. Und Sie werden schnell feststellen, dass Sie viel mehr Spaß dabei haben als vorher, ohne konkretes Ziel.

Schauen Sie sich regelmäßig diese Mappe an, dadurch richten Sie Ihre Aufmerksamkeit automatisch immer wieder in diese Richtung. Das ständige Wiederholen von bildhaften Vorstellungen bewirkt ein Umdenken in Ihrem Unterbewusstsein.

Diesen Prozess bezeichnet man auch als Autosuggestion. Ein einfaches Mittel, mit dem Sie Ihr Unbewusstes trainieren können, an etwas Bestimmtes, in dem Fall an Ihren Traumberuf bzw. Ihre Berufung zu glauben.

Alles beginnt in Ihrem Kopf mit Ihren Gedanken, die die Kraft haben, sich zu verwirklichen. Gedanken wirken wie ein starker Magnet, der das Gewünschte förmlich anzieht.

So wird es auch nicht lange dauern und Ihr Unterbewusstsein liefert Ihnen erste Ideen, die zu ersten kleinen Erfolgen führen. Das motiviert Sie ungemein und führt fast automatisch zu weiteren und größeren Erfolgen.

Was zunächst nur mit einer Vorstellung in Ihrem Kopf begann, wird dann zu einem konkreten Ziel und letztendlich zur Realität, genauso wie Sie es sich vorgestellt haben.

Zusammenfassung des Kapitels:

Neuen Job oder neues Arbeitsfeld suchen und finden

Wenn Sie beruflich unzufrieden sind, zu wenig Einkommen verdienen und vielleicht sogar Angst vor einer möglichen Entlassung haben, bringt es nichts, an Ihrem Job festzuhalten. Da hilft nur eines, sich aufraffen und handeln.

Halten Sie bewusst Ausschau nach etwas Neuem, am besten nach gesunden und wachsenden Branchen oder Unternehmen, die in der Regel auch höhere Gehälter zahlen.

Der erste und wichtigste Schritt besteht darin, sich zunächst darüber klar zu werden, welche Fähigkeiten Sie bereits besitzen, welche Qualifikationen Sie vorweisen können, wo Ihre Stärken und Schwächen liegen und welche Talente in Ihnen schlummern.

Oder kurz gesagt: **Analysieren Sie Ihre Ausgangssituation**

Welche Tätigkeit würde Sie reizen? Wofür können Sie sich begeistern? Was machen Sie gerne, wobei vergessen Sie die Zeit? Lassen Sie Ihren Gedanken einfach mal freien Lauf und **schmieden Sie Pläne**.

Wissen ist die Grundlage für viele außergewöhnliche Leistungen. **Erweitern Sie Ihr Wissen**, seien Sie stets neugierig und interessiert.

Ihr Schlüssel zum Erfolg liegt in einem **konkreten Ziel**. Nutzen Sie Ihre Gedanken und Ihre Vorstellungskraft, um Ihre Ziele festzulegen.

Zusatzeinkommen erschließen

Eine lukrative Möglichkeit, das eigene Einkommen zu erhöhen, besteht zum Beispiel darin, sich neben dem regulären Job noch eine Nebentätigkeit zu suchen, mit der Sie leicht ein paar Euros dazu verdienen können.

Die meisten Menschen arbeiten rund 40 Stunden in der Woche, einige vielleicht sogar nur 35 oder 38 Stunden. Wenn man will, bleibt da immer noch etwas Zeit, um beispielsweise am Morgen, am Abend oder am Wochenende nebenbei arbeiten zu gehen.

Dafür eignen sich besonders Tätigkeiten in der Dienstleistungsbranche, denn die sind immer gefragt und lassen sich nicht durch Maschinen ersetzen.

Gute Chancen haben da selbst diejenigen, die ungelernt aber arbeitswillig sind. Deutlich besser bezahlt werden dagegen Fachkräfte, die heutzutage in fast jeder Branche oft händeringend gesucht werden.

Also nutzen Sie die Chance und halten Sie Ausschau nach einem lukrativen Nebenjob, der Ihnen liegt und ein paar zusätzliche Euros in die Kasse bringt.

Nebenberufliche Tätigkeiten

Hier mal ein paar Anregungen für nebenberufliche Tätigkeiten. Vielleicht ist ja etwas Passendes für Sie dabei.

Überstunden

Der für Sie einfachste und naheliegendste Nebenjob sind beispielsweise Überstunden in Ihrer Firma. In vielen Firmen gibt es immer wieder mal Zeiten, in denen sich die Arbeit stapelt und kaum noch zeitnah bearbeitet werden kann.

Meist stehen dann auch noch zusätzliche Aufgaben und Projekte an, die im normalen Arbeitsalltag einfach nicht mehr zu bewältigen sind.

Das könnte Ihre Chance sein. Überlegen Sie sich, ob Sie nach Feierabend zusätzliche Aufgaben oder ein spezielles Projekt übernehmen können und bieten Sie dann Ihrem Arbeitgeber an, Überstunden zu machen, um diese zusätzlichen Aufgaben abzuarbeiten bzw. ein spezielles Projekt zu verwirklichen.

Buchführung

Wenn Sie von Beruf Buchhalterin oder Ähnliches sind und tagtäglich mit Buchführung zu tun haben, könnten Sie doch nebenberuflich auch anderen dabei helfen. Gerade für kleine Selbstständige, die noch im Aufbau Ihrer Firma sind, bleibt nach einer 50 – 60 Stunden Woche kaum noch Zeit, die Belege zu ordnen und abzuheften, sprich die Buchführung zu machen.

Viele wissen auch gar nicht, wie sie dabei vorgehen müssen. Die Chance für Sie, mit Ihrem Wissen und Ihren Erfahrungen nebenberuflich etwas Geld dazu zu verdienen.

Fachkenntnisse nach Feierabend verwerten

Sie kennen sich in einem bestimmten Fachgebiet gut aus? Beispielsweise mit Computer und Internet, mit Sprachen, mit Musik und Tanz, mit Malen oder Fotografieren, mit Handarbeiten oder Handwerk, mit Meditation oder Yoga oder mit gesundem Kochen.

Dann könnten Sie dieses Wissen doch nutzen und es anderen Menschen, die sich auch dafür interessieren, weitervermitteln. Expertenwissen egal welcher Art ist fast immer gefragt und lässt sich beispielsweise in Kursen an der Volkshochschule gut vermarkten.

Volkshochschulen gibt es in vielen Städten, meist mit einem breiten Angebot ganz verschiedener Kurse, in denen sich interessierte Bürger Wissen in einem ganz bestimmten Bereich aneignen können.

Um das Angebot attraktiver zu machen, werden regelmäßig Referenten in einem bestimmten Fachgebiet gesucht.

Vielleicht sind Sie ja PC-Experte, dann könnten Sie PC-Anfängern bei den ersten Schritten mit dem Computer helfen.

Oder Sie beherrschen verschiedene Fremdsprachen und helfen anderen, diese zu erlernen. Möglicherweise haben Sie auch ein ganz spezielles Hobby, das Ihnen viel Freude macht und für das Sie andere begeistern möchten.

Möglich ist vieles, fragen Sie einfach mal an der Volkshochschule in Ihrer näheren Umgebung nach und machen Sie Ihre vorhandenen Fachkenntnisse ganz einfach zu Geld.

Nachhilfe geben

Eine weitere lukrative Möglichkeit, mit Ihrem eigenen Wissen und Ihren Erfahrungen zusätzlich Geld zu verdienen, besteht darin, Schülern und Schülerinnen oder Azubis, die im Unterricht nicht mehr mitkommen, Nachhilfe zu geben.

Wenn die Eltern voll berufstätig sind, bleibt oft kaum Zeit zum Üben mit den Kindern. Dann werden nur schnell die Hausaufgaben erledigt und nicht kontrolliert, ob das Kind den Unterrichtsstoff überhaupt verstanden hat.

Irgendwann sehen die Eltern dann an den Noten, dass ihr Kind nicht mehr mitkommt. Dann sind sie dankbar, wenn jemand privat Nachhilfe geben kann.

Musik machen

Viele Eltern möchten gern die musikalische Begabung ihrer Sprösslinge fördern. Im Rahmen der Schule ist das kaum möglich. Daher sind sie auf private Angebote angewiesen.

Wer musikalisch ist, selbst ein Musikinstrument spielt oder andere gern mit Musik unterhält, könnte nebenbei privaten Musikunterricht zum Beispiel für Kinder geben oder die musikalische Umrahmung von privaten Geburtstags-, Hochzeits- und sonstigen Feierlichkeiten übernehmen.

Kurierdienste, Kataloge zustellen

Wer den ganzen Tag im Büro vor dem Computer sitzt, sehnt sich meist nach Bewegung und frischer Luft. Als Ausgleich dafür bieten sich unter anderem Nebentätigkeiten wie Kurierdienste (per Fahrrad), Zeitungen austragen, Prospekte verteilen, für die Post Kataloge zustellen und ähnliches.

Meinungsumfragen

Wussten Sie, dass Meinungsforschungsinstitute regelmäßig Meinungsumfragen durchführen, bei denen Verbraucher wie Sie und ich Stellung zu Produkten, Dienstleistungen oder sonstigen Themen nehmen und unsere persönliche Meinung dazu mitteilen können?

Das erfolgt in der Regel anonym und wird mit Geld oder Gutscheinen vergütet. Ihre Meinung ist vielen Unternehmen durchaus etwas wert.

Die erhobenen Daten beeinflussen dann maßgeblich die Ausgestaltung neuer Produkte und Dienstleistungen.

Wenn Sie einen PC mit Internetanschluss haben, können Sie sich auf einem oder mehreren Online-Panels für Meinungsumfragen kostenfrei anmelden und erhalten dann per e-mail Ihre Umfragen, die Sie bequem von zu Hause aus online beantworten.

Die Umfragen sind meist nur ein paar Tage gültig, so lange bis die gewünschte Teilnehmerzahl erreicht wurde. Sie müssen aber auch nicht an jeder Ihnen zugeschickten Umfrage teilnehmen. Für das Beantworten einer Umfrage benötigen Sie durchschnittlich zwischen 5 bis 30 Minuten.

Mit Meinungsumfragen wird man nicht reich, kann sich aber ohne viel Mühe ein paar Euros dazuverdienen.

Hier ein paar Links dazu:

http://www.meinungsstudie.de
http://www.globaltestmarket.com
http://panel.dialego.com
http://de.mysurvey.com/
http://de.toluna.com/

Supermarktregale auffüllen

Ein beliebter Nebenjob nicht nur für Schüler und Studenten ist das Auffüllen von Regalen, beispielsweise im Supermarkt, in Baumärkten, Groß- und Verbrauchermärkten.

Die Ware wird direkt zum Supermarkt geliefert und anschließend vom Nebenjobber ausgepackt und in dem entsprechenden Regal aufgefüllt. Normalerweise erfolgt das außerhalb der üblichen Öffnungszeiten.

Regelmäßig werden Verkaufshilfen zum Befüllen der Regale gesucht, meist über Aushänge direkt in den Geschäften. Angebote finden Sie aber auch auf großen Portalen für Stellenanzeigen, beispielsweise auf www.gigajob.com.

Babysitting

Ein ziemlich verantwortungsvoller Nebenjob ist das Babysitting.

Wer bereits Erfahrung im Umgang mit Babys und kleinen Kindern hat, über Geduld und Verantwortungsgefühl verfügt und sich gern mit Kindern beschäftigt, kann sich als Babysitter jeden Monat etwas Geld dazu verdienen.

Fragen Sie einfach mal in Ihrem Bekanntenkreis und der näheren Umgebung, wer einen Babysitter benötigt. Alternativ könnten Sie auch in Kindergärten und Krippen nachfragen, ob Sie einen Aushang platzieren dürfen.

Reparaturen durchführen

Wer handwerklich begabt ist und auch beruflich damit zu tun hat, könnte nebenberuflich kleinere Reparaturen durchführen, beispielsweise wenn beim Nachbarn der Wasserhahn tropft oder jemand Probleme mit einem verstopften Abfluss hat.

Kunden schätzen dann eine schnelle und unkomplizierte Hilfe. Und Sie verdienen etwas nebenbei.

Mit einem Reinigungs- und Hausmeister-Service können Sie viele verschiedene Dienstleistungen rund ums Haus anbieten, beispielsweise Rasen mähen, Bäume und Sträucher beschneiden, Hausflure reinigen und vieles mehr.

Gerade ältere Personen, die ein Haus mit großem Garten haben, schaffen es oft nicht mehr allein, alles in Schuss zu halten. Sie sind dankbar für diese Hilfe und zahlen gutes Geld dafür.

Änderungen schneidern

Wer schneidern gelernt oder sich angenommen hat, kann sich mit diesem Service etwas Geld dazu verdienen.

Kleidung von der Stange passt häufig nicht richtig. Die Hosen sind zu lang, der Rock ist zu weit oder der Reißverschluss der Winterjacke ist nach ein paarmal waschen kaputt und müsste durch einen neuen ersetzt werden.

Wer mit Nähmaschine, Nadel und Faden umgehen kann, wird nicht lange auf Aufträge warten müssen.

Wäsche bügeln

Eine ehr lästige aber notwendige Tätigkeit ist das Bügeln der Wäsche. Wer berufstätig ist, hat in der Regel wenig Zeit und möchte diese nur ungern mit Wäsche bügeln verbringen.

Da bietet sich ein Wäschebügelservice an, der berufstätige Familien entlastet und daher bestimmt gern in Anspruch genommen wird.

Kellnern

In der Gastronomie gibt es zu bestimmten Zeiten, wie beispielsweise in der Hauptsaison, an Wochenenden oder Feiertagen immer wieder Personalengpässe, die dann mit Aushilfskräften überbrückt werden.

Egal ob beim Kellnern oder in der Küche, hier lässt sich nebenbei auch schnell gutes Geld verdienen.

Zusammenfassung:

Zusatzeinkommen erschließen

Mit einer lukrativen Nebentätigkeit lassen sich vor oder nach dem regulären Job oder auch am Wochenende ein paar zusätzliche Euros verdienen. Besonders geeignet sind dafür Tätigkeiten in der Dienstleistungsbranche, die eigentlich immer gefragt sind und sich nicht durch Maschinen ersetzen lassen.

Möglichkeiten für ein Zusatzeinkommen sind beispielsweise:

- Überstunden
- Buchführung
- Fachkenntnisse nach Feierabend verwerten
- Nachhilfe geben
- Musik machen
- Kurierdienste, Kataloge zustellen
- Meinungsumfragen
- Supermarktregale auffüllen
- Babysitting
- Reparaturen durchführen
- Änderungen schneidern
- Wäsche bügeln
- Kellnern

Das sind nur ein paar Anregungen. Es gibt mit Sicherheit noch viele andere lukrative Möglichkeiten, mit einer Nebentätigkeit das eigene Einkommen aufzubessern.

Vielleicht war das eine oder andere für Sie schon dabei. Wenn nicht, dann überlegen Sie sich einfach mal, was Sie gut können und gern machen würden und wobei Sie anderen Menschen helfen können. Und dann probieren Sie es einfach aus.

Das eigene Wissen in Geld verwandeln

Jeder Mensch hat sich im Laufe seines Lebens eine Portion Wissen angeeignet, der eine mehr, der andere weniger. Meist angefangen in der Schule über die Lehre oder das Studium bis hin zu beruflichen Qualifizierungen und sonstigen Weiterbildungen.

Wer heute beruflich vorankommen will, muss sich regelmäßig weiterbilden und immer auf dem neuesten Stand sein. Viele Menschen nutzen selbst ihre Freizeit, um sich Wissen in anderen, nicht beruflichen Bereichen anzueignen, weil sie einfach Spaß daran haben, etwas Neues zu lernen.

Da wäre es doch toll, wenn man damit Geld verdienen könnte. Nein, ich meine natürlich nicht in diversen Quizsendungen, die Woche für Woche im Fernsehen laufen und in denen man mit seinem Wissen durchaus viel Geld gewinnen kann. Die Chance, dort teilnehmen zu können, ist jedoch eher gering.

Was wäre aber, wenn Sie Ihr Wissen ganz einfach in bare Münze umwandeln könnten?

Überlegen Sie einmal, auf welchem Gebiet Sie sich ausgesprochen gut auskennen und jede Menge Erfahrungen gesammelt haben, die Sie gern mit anderen teilen würden.

Dann schreiben Sie das auf, worüber Sie gut Bescheid wissen und stellen den Text anschließend auf dem Portal http://pagewizz.com/ zum Lesen ein. Dazu müssen Sie sich zuerst auf dem Portal anmelden, die Anmeldung ist kostenlos.

Nachdem Sie den ersten Artikel eingestellt und veröffentlicht haben, beginnt nun ein ganz kleiner, regelmäßiger Geldfluss, der mit jedem weiteren Artikel etwas größer wird.

Wahrscheinlich fragen Sie sich jetzt, wo das Geld herkommt? Das ist ganz einfach, das Portal stellt zu jedem Text, den Sie veröffentlichen, passende Werbung zum jeweiligen Thema auf der Seite ein.

Klickt ein Leser dann auf diese Werbung, verdienen Sie automatisch Geld, denn 60 Prozent der Einnahmen aus der Werbung fließen direkt auf Ihr Konto. Und das Beste daran, diese zusätzliche Einnahmequelle kann prinzipiell jeder nutzen.

Haben Sie schon eine Idee für Ihren ersten Text? Dann packen Sie's an!

Mit Ihren Ideen und selbst hergestellten Produkten zusätzlich Geld verdienen

Es ist kein Geheimnis, die besten Gewinnspannen erreichen Sie häufig dann, wenn Sie Produkte selber herstellen und verkaufen. Solche Sachen sind immer gefragt. Und irgendwo auf der Welt gibt es Menschen, die dafür auch gutes Geld bezahlen.

Marktplatz für Einzigartiges

Nun kommen wieder Ihre Talente ins Spiel. Sind Sie handwerklich begabt, haben Sie vielleicht schon einmal mit einer Laubsäge kleine Kunstwerke geschaffen und dann verschenkt?

Das ist natürlich eine gute Idee, doch solche Dinge können Sie ganz einfach auch zu Geld machen.

Genauso wie selbstgefertigten Schmuck, handgeklöppelte Tischdecken, handgefertigtes Spielzeug für Kinder, restaurierte Möbelstücke, mit Liebe gefertigte Taschen und Accessoires und vieles mehr.

Für all diese selbst hergestellten Produkte gibt es natürlich irgendwo auch Kunden, die Ihre Eigenkreationen sehr gern kaufen und gutes Geld dafür zahlen.

Diese Kunden finden Sie beispielsweise auf www.DaWanda.de, dem Online-Marktplatz für Unikate und Selbstgemachtes. Hier können Sie ganz einfach Ihre selbstgefertigten Produkte anbieten.

Nachdem Sie sich kostenfrei angemeldet haben, laden Sie die Bilder Ihrer Schmuckstücke hoch, geben noch eine kurze Beschreibung dazu ein und fertig.

Fotografieren und Bilder verkaufen

Tag für Tag sind Unternehmer, die ein Internetgeschäft betreiben, auf der Suche nach Bildern und Illustrationen für ihre digitalen Produkte und Webseitenbeiträge.

Sie können fotografieren und Bilder bearbeiten? Dann ist das vielleicht Ihre Chance. Dafür benötigen Sie kein aufwendiges Fotostudio, eine gute Digitalkamera und ein Bildbearbeitungsprogramm reichen völlig aus.

Gefragt sind alltägliche und originelle Bilder, beispielsweise von Landschaften oder Gegenständen, mit denen andere ihre Produkte oder Texte auf Webseiten themenbezogen aufwerten.

Sie wissen ja, ein Bild sagt mehr als tausend Worte.

Wenn Sie ein Auge für schöne und originelle Motive haben, dann fotografieren Sie doch einfach mal ein paar Gegenstände oder die Landschaft Ihrer näheren Umgebung und verkaufen Sie Ihre Fotos anschließend auf www.clipdealer.de oder www.fotolia.de.

Kleine Musikstücke komponieren und verkaufen

Im Internet finden sich unzählige Videos zu den verschiedensten Themen. Bestimmt haben auch Sie sich schon das eine oder andere angeschaut. Ist Ihnen aufgefallen, dass viele dieser Videos am Anfang und Ende mit Musik oder Geräuschen unterlegt sind?

Und diese kurzen Musikstücke oder Geräusche sind häufig gefragt.

Wenn Sie musikalisch begabt sind, vielleicht auch ein Keyboard besitzen und sich ein Musik-Kompositionsprogramm zulegen, dann könnten Sie damit solche kurzen Musikstücke komponieren oder spezielle Geräusche gestalten, die Sie dann zum Verkauf anbieten.

Möglich ist das auf Portalen, wie www.pond5.com oder auch auf www.clipdealer.de. Bei Verkauf eines Stückes erhalten Sie den Kaufpreis abzüglich einer Provision für das Portal.

Hausgemachte Genusswaren

Heutzutage weiß man kaum noch, was tatsächlich in industriell gefertigten Produkten steckt. Verständlich, dass viele Kunden lieber hausgemachte Produkte kaufen und dafür auch gern etwas tiefer in die Tasche greifen.

So lässt sich beispielsweise mit selbst hergestellten Keksen oder Pralinen, selbst gebackenem Brot, selbst zubereiteten Marmeladen oder Likören, Kräuterölen und vielem mehr durchaus gutes Geld verdienen.

Verkaufen kann man diese Produkte beispielsweise auf Wochenmärkten und natürlich auch übers Internet. Probieren Sie es einfach mal aus.

Wie Sie sehen, gibt es wirklich viele Möglichkeiten, das, was Sie gut können, profitabel zu machen, sprich in zusätzliches Einkommen zu verwandeln. Es liegt nur an Ihnen, was Sie daraus machen.

Zusammenfassung des Kapitels:

Das eigene Wissen in Geld verwandeln

Viele Menschen nutzen ihre Freizeit, um sich Wissen in anderen, nicht beruflichen Bereichen anzueignen, weil sie einfach Spaß daran haben, etwas Neues zu lernen.

Dieses Wissen können Sie ganz einfach in bare Münze umwandeln, in dem Sie einfach aufschreiben, worüber Sie gut Bescheid wissen und den Text anschließend auf dem Portal http://pagewizz.com/ einstellen.

Mit Ihren Ideen und selbst hergestellten Produkten zusätzlich Geld verdienen

Die besten Gewinnspannen erreichen Sie häufig dann, wenn Sie Produkte selber herstellen und verkaufen. Solche Sachen sind immer gefragt. Auf www.DaWanda.de, dem **Online-Marktplatz für Unikate und Selbstgemachtes**, können Sie ganz einfach Ihre selbstgefertigten Produkte anbieten.

Wenn Sie ein Auge für schöne und originelle Motive haben, dann fotografieren Sie doch einfach mal und **verkaufen Sie Ihre Fotos** auf www.clipdealer.de oder www.fotolia.de.

Wenn Sie musikalisch begabt sind, ein Keyboard besitzen und sich ein Musik-Kompositionsprogramm zulegen, dann haben Sie alles, um **kurze Musikstücke zu komponieren**, die Sie dann zum Verkauf anbieten können.

Mit **hausgemachten Genusswaren** wie selbst hergestellten Keksen oder Pralinen, selbst gebackenem Brot, selbst zubereiteten Marmeladen oder Likören, Kräuterölen und vielem mehr lässt sich ebenfalls gutes Geld verdienen.

Verborgene Talente entdecken

So verschieden die Menschen auch sind, jeder einzelne hat irgendein Talent, eine spezielle Fähigkeit oder ein Interessengebiet, auf
dem er sich besonders gut auskennt, in jedem Fall besser als die
meisten anderen Menschen.

Das kann handwerkliches Geschick oder eine musikalische Veranla-
gung sein. Andere haben intellektuelle Fähigkeiten oder sind tech-
nisch begabt. Manche Menschen können andere begeistern und
führen, wieder andere arbeiten lieber für sich allein.

Auch Sie haben mit Sicherheit ein spezielles Talent und sind anderen Menschen auf irgendeinem Gebiet einen Schritt voraus.

Haben Sie schon einmal darüber nachgedacht, welche verborgenen
Talente in Ihnen schlummern?

Wovon träumen Sie und woran denken Sie, wenn Sie mal ganz allein sind und Ihre Augen schließen? Wenn Sie sich einen Moment
lang mal nicht auf etwas Bestimmtes konzentrieren, sondern Ihren
Gedanken einfach freien Lauf lassen?

Was würden Sie tun, wenn Geld kein Thema wäre? Wie würden Sie
dann Ihre Zeit nutzen?

Was tun Sie gerne, ohne sich groß anstrengen zu müssen? Gibt es
etwas, was bei Ihnen praktisch wie von selbst geht?

Gibt es eine Tätigkeit oder eine Sache, bei der Sie alles um sich
herum vergessen, bei der die Zeit wie im Flug vergeht?

Mit welcher Tätigkeit beschäftigen Sie sich am liebsten? Wozu haben Sie selbst an miesen Tagen Lust? Was kann Ihre Aufmerksamkeit total fesseln? Verdienen Sie mit dieser Tätigkeit Geld?

Wofür bewundern andere Menschen Sie?

Die meisten Menschen haben eine Lieblingsbeschäftigung und kennen diese auch. Oft nutzen sie diese jedoch nur in der Freizeit als
Hobby, ohne damit Geld zu verdienen.

Wenn das bei Ihnen auch der Fall ist, dann finden Sie doch einfach mal heraus, ob es Menschen gibt, die mit Ihrer Lieblingsbeschäftigung hauptberuflich Geld verdienen und ob Sie das nicht auch könnten?

Nur wenige Menschen haben ihre Lieblingsbeschäftigung bisher zu ihrem Beruf gemacht und verdienen damit ihr Geld. Das ist schade, denn es gibt zahlreiche Möglichkeiten, ganz egal, für welche Tätigkeit Sie sich begeistern können.

Mal ein Beispiel:

Wenn Sie sich in Ihrer Freizeit gern mit Fremdsprachen beschäftigen, es Ihnen leicht fällt, diese zu erlernen und Sie schon die eine oder andere Fremdsprache perfekt beherrschen, könnten Sie das doch auch anderen interessierten Menschen beibringen, beispielsweise in Kursen, online oder vor Ort.

Sie könnten Hörbücher oder Lernvideos mit einzelnen Lektionen erstellen, Nachhilfe für Schüler und Studenten geben oder als Übersetzer oder Dolmetscher arbeiten.

So gibt es für viele Bereiche und Interessengebiete unzählige Möglichkeiten, damit Geld zu verdienen. Experten, die sich in einem speziellen Bereich besser auskennen als andere, sind immer gefragt und werden gesucht. Nutzen Sie diese Chance.

Vielleicht haben Sie Ihre Berufung noch nicht gefunden, wissen aber zumindest, welche Interessen Sie haben und was Sie gerne tun.

Dann sollten Sie sich ab sofort genau auf diese Dinge konzentrieren und Ihre Gedanken und Taten genau darauf ausrichten. Wenn Sie all Ihre Aufmerksamkeit auf das konzentrieren, was Sie gerne machen, werden Sie eine enorme Energie in sich spüren.

Nutzen Sie diese und suchen Sie nach Mitteln und Wegen, Ihr Wissen auf diesem Gebiet zu erweitern. Ihr Unterbewusstsein wird Ihnen dabei helfen. Ihr Ziel sollte es sein, auf diesem einen Gebiet ein Experte zu werden und in absehbarer Zeit damit Geld zu verdienen.

Das geht in der Regel nicht von heute auf morgen. Alles braucht seine Zeit. Sie haben es in der Hand. Wenn Sie es wirklich wollen, werden Sie es auch schaffen.

Die eigene Berufung finden

Die meisten Menschen in Deutschland sind angestellt, arbeiten Tag für Tag in einem Beruf, der ihnen oft nicht einmal Freude macht. Permanenter Stress, Ärger mit dem Chef oder den Kollegen raubt ihnen wertvolle Energie und Lebenskraft.

Selbst über ihre Erfolge können sie sich nicht richtig freuen. Dennoch vollbringen sie oft erstaunliche Leistungen im Beruf. Sie empfinden ihre Tätigkeit aber eher als mühevolle Arbeit, zu der sie gezwungen sind, weil sie Geld verdienen müssen.

Und dann gibt es andere, die üben einen Beruf aus, der ihnen tatsächlich Freude macht. Diese Menschen sind in der Regel glücklicher und haben Spaß an dem, was sie tun. Sie erhalten Anerkennung und Befriedigung und können ihre Erfolge richtig genießen.

Selbst über ihre Misserfolge können sie lachen und daraus lernen. Sie sind voller Energie und Lebenskraft, weil sie einen Beruf gewählt haben, der ihnen Spaß macht, zu dem sie sich einfach berufen fühlen. Sie kennen ihre eigenen Stärken und Talente und nutzen diese ganz bewusst, um damit Geld zu verdienen.

Dabei hat jeder Mensch seine Berufung. Er muss sie nur entdecken und dann umsetzen. Die eigene Berufung zu finden ist gar nicht schwer, wenn man seine eigenen verborgenen Talente und Fähigkeiten erkennt und diese schätzen lernt.

Wie sieht es bei Ihnen aus? Sehen Sie Ihre jetzige Tätigkeit als mühevolle Arbeit oder haben Sie Ihre Berufung schon gefunden?

Schritt in die Selbstständigkeit

Wenn Sie nicht nur ein paar Euros dazu verdienen möchten, sondern Ihr Einkommen nachhaltig steigern und selbst bestimmen wollen, sollten Sie ernsthaft darüber nachdenken, Ihr Schicksal selbst in die Hand zu nehmen und Ihr eigenes Geschäft zu starten.

Als Angestellter sind Sie immer in einer finanziellen Abhängigkeit und haben kaum die Chance, wesentlich mehr zu verdienen. So wie

Ihre tägliche Arbeitszeit meist begrenzt ist, ist natürlich auch Ihr Einkommen als Angestellter begrenzt. Zudem kann ein Angestellter seine Arbeit kaum nach eigenen Vorstellungen gestalten.

Die besten Chancen, dauerhaft mehr Einkommen zu verdienen, haben Sie, wenn Sie den Schritt in die Selbstständigkeit wagen und eine kleine Firma gründen. Sie sind dann Ihr eigener Herr und müssen nicht mehr für andere arbeiten. Sie haben die Freiheit, selbst bestimmen zu können, wann Sie, wo, wie viel und mit wem arbeiten.

Entdecken Sie Ihre Leidenschaft, finden Sie Ihre Berufung, seien Sie kreativ und sehen Sie darin Ihre Chance und kein Problem.

Investieren Sie Ihre wertvolle Zeit sinnvoll, anstatt vorm Fernseher zu versauern. Gerade der Fernseher raubt vielen Menschen unsagbar viel Zeit, Zeit ohne wirklichen Nutzen.

Sie allein entscheiden, wie Sie Ihre Freizeit nutzen. Machen Sie das Beste draus und entwickeln Sie für sich zunächst eine Idee und daraus dann eine Strategie.

Konzentrieren Sie sich dabei auf genau die Dinge, die Sie begeistern, die Ihnen Spaß machen, bei denen Sie alles andere vergessen. Häufig ist das ein Hobby, eine Leidenschaft, für die man oft seine Freizeit und manchmal sogar seinen Schlaf opfert und dennoch nicht genug Zeit dafür hat.

Was wäre denn, wenn Sie dieses Hobby einfach zu Ihrem Beruf machen?

Nehmen Sie das Ruder selbst in die Hand und setzen Sie Schritt für Schritt Ihre Ideen um. Tun Sie das, was Ihnen am meisten Spaß macht und verdienen Sie damit zukünftig Ihr Geld.

Selbst aus einer kleinen Idee kann sich so ein großes Geschäft entwickeln, wenn Sie es wollen und alles dafür tun. Sie müssen es wollen, das ist entscheidend!

Selbstverständlich werden hier und da auch Probleme auftreten, das ist völlig normal. Auf dem Weg zum Erfolg liegen viele Steine, große und kleine. Sind Sie bereit, diese aus dem Weg zu räumen?

Sehen Sie nicht das Problem, suchen Sie nach der Lösung. Und die ist oft ganz naheliegend.

Vielleicht sagen Sie jetzt: „ich kann doch nicht einfach meinen Job kündigen und mich selbstständig machen". Zugegeben, das wäre ein wirklich großer Schritt. Aber das müssen Sie auch gar nicht.

Fangen Sie klein an, starten Sie zunächst als nebenberuflich Selbstständiger und testen Sie Ihre Idee. Bauen Sie Ihr kleines Geschäft Schritt für Schritt weiter aus.

Früher oder später kommen Sie an den Punkt, an dem Sie sich entscheiden müssen, weil Sie dann beides, Ihren Job und Ihre nebenberufliche Selbstständigkeit zeitlich nicht mehr unter einen Hut bekommen. Und diese Entscheidung fällt Ihnen dann bestimmt leichter als heute.

Mein Tipp:

Wenn Sie bereits selbstständig sind oder mit dem Gedanken an eine Selbstständigkeit spielen, empfehle ich Ihnen sehr, das Chefbuch von uns zu lesen. Sie finden darin auf 278 Seiten eine Fülle von Tipps und Ideen rund um die Arbeit als Chef.

Nutzen Sie die in diesem Buch empfohlenen Gedanken und Anregungen für sich und Sie haben es in Ihrer täglichen Arbeit wirklich leichter. Sie erzielen mehr Gewinn, haben viel weniger Stress und mehr Spaß an Ihrer täglichen Arbeit als Selbstständiger.

Sie werden von diesem Buch nicht nur finanziell, sondern auch als Mensch profitieren.

Hier der Link zum Chefbereich unserer Webseite und der ausführlichen Beschreibung des Chefbuchs:
http://www.mein-finanzbrief.de/chef/

Zusammenfassung des Kapitels:

Verborgene Talente entdecken

Jeder Mensch hat irgendein Talent, eine spezielle Fähigkeit oder ein Interessengebiet, auf dem er sich besonders gut auskennt, in jedem Fall besser als die meisten anderen Menschen.

Entdecken Sie Ihr Talent, Ihre ganz speziellen Fähigkeiten und verdienen Sie damit Geld.

Die eigene Berufung finden

Die eigene Berufung zu finden, ist gar nicht schwer, wenn man seine eigenen verborgenen Talente und Fähigkeiten erkennt und diese schätzen lernt. Menschen, die ihre Berufung gefunden haben, sind in der Regel glücklicher und haben Spaß an dem, was sie tun. Sie erhalten Anerkennung und Befriedigung und können ihre Erfolge richtig genießen.

Schritt in die Selbstständigkeit

Die besten Chancen, dauerhaft mehr Einkommen zu verdienen haben Sie, wenn Sie den Schritt in die Selbstständigkeit wagen und eine kleine Firma gründen. Sie sind dann Ihr eigener Herr und müssen nicht mehr für andere arbeiten. Sie haben die Freiheit, selbst bestimmen zu können, wann Sie, wo, wie viel und mit wem arbeiten.

Wir sind nun am Ende des Buches angekommen und ich würde mich freuen, wenn der ein oder andere Tipp für Sie dabei war, der Ihnen in Zukunft dabei hilft, noch besser mit Ihrem Geld auszukommen.

Eines ist jedenfalls klar: *„**Wer sich um sein Geld kümmert hat auch welches.**"*

In diesem Sinne haben Sie mit dem Lesen dieses Buches einen guten und richtigen Schritt unternommen.

Wenn Sie Fragen rund um die Finanzplan-Idee haben, melden Sie sich bitte einfach kurz bei uns per E-Mail. Wir freuen uns auf Ihr Feedback und/oder Ihre Fragen,

Ihr

Stephan Laise

Meine persönlichen Notizen zum Buch

Ihr persönlicher Gutschein im Rahmen dieses Buches:

Sie erhalten von uns die Finanzplan-Demo-CD kostenfrei zugesandt. Es fallen nicht einmal Porto- oder Versandkosten für Sie an.

Auf der Finanzplan-Demo-CD ist der Finanzplan als Shareware enthalten, die Ihnen ein komfortables Testen ermöglicht.

Das Besondere: Durch den Erwerb dieses Buches, erhalten Sie Support via HOTMAIL. Das bedeutet, wir stehen Ihnen während Ihrer Testzeit für alle Fragen zum Finanzplan genauso zur Verfügung als hätten Sie bereits eine Vollversion erworben!

Auf der Finanzplan-Demo-CD finden Sie die folgenden Inhalte:

Alle 3 Finanzplan-Versionen werden ausführlich (mit über 25 Filmen und Demovorführungen) erklärt. Natürlich ist die Finanzplan Software als Shareware enthalten. Genauso wie der Finanzplan für Jugendliche (YouthEdition). Die Flash-Filme zeigen alle Zusatzmodule in ihrer Anwendung und die häufig gestellten Fragen runden das Angebot ab.

Die Finanzplan-CD beantwortet Ihnen Fragen wie:

Wie steht es um meine Finanzen? (Als Selbsttest)
Ist für mich ein Finanzplan überhaupt sinnvoll?
Welche Vorteile bringt mir ein Finanzplan?
Welche Version ist für mich die Richtige?
Wie sehen die Formulare genau aus?
Was kann ich mit dem Finanzplan genau tun?
Was fange ich mit den Zusatzmodulen an?
Muss ich mich dafür mit Excel auskennen?

Notwendige Software und Systemanforderungen für die Finanzplan Schnupper-CD:

Windows XP, Windows Vista, Windows 7, Windows 8 mit Excel 2000, Excel 2002 (XP), Excel 2003, Excel 2007, Excel 2010 oder Excel 2013.

✂

Wenn Sie die Finanzplan-Demo-CD gerne erhalten möchten, tragen Sie bitte hier Ihre Anschrift – gut leserlich – ein und senden Sie diesen Abschnitt an:

Fa. Mein-Finanzbrief
Anhauser Straße 78
89547 Dettingen

Mein-Finanzbrief - Anhauser Straße 78 – 89547 Dettingen

An

_____

_____

_____

Bisher vom FinanzplanTeam erhältliche Bücher:

Die 8 Grundgesetze des Wohlstands

Eines ist sicher: Wer die 8 Grundgesetze des Wohlstands anwendet, erreicht seine finanziellen Ziele schnell und ohne Umwege. ISBN-10: 3842365314

Autosuggestionen für Ihren persönlichen Reichtum

In diesem Buch finden Sie 68 Autosuggestionsformeln auf Kärtchen zum Ausschneiden (Format ca. 11 x 7 cm). ISBN-10: 3842371535

Der Finanzplan- Einfach gut mit seinem Geld auskommen

Durch einen allzu sorglosen Umgang mit Geld entstehen oft große finanzielle Probleme. Dieses Buch ist ein Wegweiser in finanziellen Fragen. ISBN-10: 3839183766

Das Chefbuch - Erfolgreich als Selbstständiger und Freiberufler

Wer selbstständig ist oder mit dem Gedanken an eine Selbstständigkeit spielt, wird von diesem Buch profitieren. ISBN-10: 3833464747

Das Buch Finanzgeschichten

Dieses außergewöhnliche Buch entstand, als wir die Leser des Finanzplan-Newsletters darum gebeten haben, ihre bisher erlebten Erfahrungen in Gelddingen zu schildern. ISBN-10: 3837095606

Preis-Wert bauen ist auch heute noch möglich

Dieses Buch schildert anhand eines Praxisbeispiels, wie preiswertes Bauen geht. ISBN-10: 3839190029

Das Finanzplan-Sparbuch

Da wir jeden verdienten Euro nur einmal ausgeben können, sollten wir geschickt mit unserem zur Verfügung stehenden Einkommen umgehen. ISBN-10: 3842358776

Finanzplanung 50+

Finanziell sorgenfrei und abgesichert in den besten Jahren des Lebens. Dieses Buch zeigt, auf was man dabei achten sollte. ISBN-10: 3848231913

Finanzplanung für Jugendliche

Am besten ist es, gleich von Anfang an alles richtig zu machen. Ideal für Leser zwischen 16 und 25 Jahren. ISBN-10: 3848222434

Finanzplanung für Familien

Um die finanziellen Herausforderungen des Familienalltags gut zu meistern, bedarf es von Anfang an einer gemeinsamen Finanzplanung. ISBN-10: 9783732246052

Sie finden zu allen Büchern die ausführliche Beschreibung sowie die Bestellmöglichkeit auf der Webseite: http://www.mein-finanzbrief.de

Die Bücher erhalten Sie auch bei www.amazon.de oder im örtlichen Buchhandel.